시작하기에
늦은 때란 없다

'가슴 뛰는 일'을 시작하라!

시작하기에 늦은 때란 없다

| 표선희 지음 |

언제든 다시 청춘을 만날 수 있을 것이다
새로운 인생이 거기에 있다

나래북

당신은

누군가의

희망이다.

준비하고 준비하라!

당신이 원하는 인생이 무엇이든 준비하는 과정에서

이미 성공의 싹이 트기 시작한 것이다.

가능성의 끈을 스스로

놓아버리는 일은

하지 않아야 한다.

자신이 바라보는 누군가가

자신의 꿈이라면, 나 또한 다른

누군가의 꿈이 되고

가능성이 될 수 있다.

삶에 무거운 짐을 지고 사는 게 인생이다.

어떤이는 이것조차 행복이라 말하고

또 어떤이는 불행이라 말한다.

인생의 시작과 끝은 행복에서 시작하고

행복에서 마무리 된다.

나의 가치는 무궁무진 하다.
그 가능성에 자신을 던져라!
절대 포기하지 말고, 절대 안주하지 마라!
인생은 한 번 뿐이니까….

'해보고 싶은 일'
시작하면 된다

    어느 누군가는 말한다. 꿈이란, 자신이 로또 1등에 당첨되었어도 '이 일만은 꼭 해보고 싶다' 하는 것이 있다면 그것이야말로 진정 자신이 원하고 이루고 싶어 하는 꿈이라고.

    나는 생각해 본다. 내가 만약 로또 1등에 당첨이 된다면, 그래서 남부럽지 않은 경제적 여유를 누리며 살 수 있는 기회가 주어진다면 어떻게 할 것인가. 아마도 다니고 있는 직장에 사직서부터 제출할 것이다. 이는 안타깝지만 직장은 나의 비전이 아니라는 반증이기도 하다.

    물론 예전에는 직장 내에서 인정받고 그 안에서 성장해 보고 싶은 열망도 있었다. 때문에 휴일이든 주말이든 밤낮을 가리지 않고 나의 모든 열정을 회사에 쏟아부으며 내 시간을 온전히 회사에 올인 하던 때도 있었다.

　그러나 차츰 사회가 변화하면서 회사도 직원도 언제든지 마음에 안 들면 해고시킬 수 있는, 또 언제든지 사직서를 내던질 수 있는 냉정한 관계로 변해버렸다. 서로가 서로를 버리고 버림받을 수 있는 관계로 차츰 변화해 가고 있는 것이다. 예전처럼 가족이라는 단어를 부여할 만큼 끈끈하고 돈독한 사람들 간의 관계보다는 딱딱하고 냉랭한 조직과 조직원의 관계로 자연스럽게 바뀌어 버렸다.

　그래서일까, 언제부터인가 나에게 있어 직장은 비전보다는 현실을 바라는 곳, 밥벌이로서의 수단이 전부가 되어 버렸다. 내가 몸담고 있는 조직의 오너에게는 미안한 일이 아닐 수 없다. 그러나 이러한 생각은 비단 나뿐만이 아니라 밥벌이를 하고 있는 조직원이면 누구나 하고 있는 생각이다. 이는 자신의 일에 사명감을 갖고 주어진 일에 최선은 다하지만 회사가 더 이상 자신의 꿈의 무대는 아니라는 말과도 같다.

　내가 만약 로또에 당첨이 되어 경제적 부를 누릴 수 있는 여건이 주어졌음에도 불구하고 꼭 해보고 싶은 일이 있다면 과연 그게 무엇일까. 나의 경우, 책을 쓰는 일이다. 각종 장르를 넘나들며 여행에세이, 시집, 소설, 감성에세이, 자기계발서 등 여러 가지의 책들을 그 누구의 방해도 받지 않으며 마음껏 써보고 싶다. 이것이 바로 내가 진정 원하는 나의 꿈인 것이다.

여기서 스스로에게 하는 질문 한 가지. 나는 작가라는 꿈을 이루기 위해 로또에 당첨되기만을 바라며 그날만을 손꼽아 기다려야 하는 것일까? 그렇지 않다. 지금 내가 서 있는 자리에서 내가 꼭 하고 싶은 일, 꼭 해보고 싶은 일을 시작하면 된다.

예전의 나는 집, 회사, 아이들이라는 테두리 안에서 다람쥐 쳇바퀴 돌 듯 항상 그 자리만을 맴돌며 살았다. 그리고 그러한 삶에 스스로를 위로했다. '언젠가는 나에게도 반드시 좋은 날이 오겠지…' 라는 기대와 함께.

그러나 언젠가는 돌아올 것이라 굳게 믿는 그 좋은 날은 그것을 위해 움직이지 않는 동안은 결코 돌아오지 않았다. 결국 늘 같은자리 바로 '언젠가' 에 머물러 있었던 것이다. 그것을 깨달은 순간 나는 내 꿈을 위해 도전하지 않을 수가 없었다. 그렇게 움직이기 시작한 지금의 나는 꿈이라는 나무에 성공이라는 열매를 하나씩 맺어 나가고 있는 중이다.

자신의 꿈을 위해, 그리고 그것을 꼭 이루겠다는 집념 하나로 시작해 성공한 사람들의 일면을 들여다보면 그들과 항상 함께 하는 것이 있다. '지금 바로' 라는 실행력이다. 아무리 좋은 꿈을 갖고 또 아무리 좋은 꿈을 꾼다고 해도 그것은 도전이라는 움직임이 있어야 가능한 일이다.

얼마 전까지만 해도 너무나 평범한 그래서 존재감마저 느끼지 못했던 나였다. 그랬던 내가 꿈을 꾸고 도전이라는 움직임을 통해 그것을 이루어 나가며 살고 있는 지금은 평범한 삶에 플러스알파의 삶을 살고 있는 듯 즐겁고 행복하다. 이처럼 여러분 또한 이 책을 통해 자신의 꿈을 당당히 이루어 나가며 그 기쁨과 행복을 함께 느껴 보았으면 하고 조심스레 바래본다.

"현재의 상태에 안주하며 머무르기만 한다면 당신은 원하는 것 중 그 무엇도 얻을 수 없다."

언제까지 가정과 직장이라는 굴레 속에서만 맴돌며 자신의 꿈을 미루어 둘 수는 없다. 그럴수록 꿈은 내가 닿을 수 없는 머나먼 곳으로 영영 떠나 버리고 만다. 꿈을 이루는 방법은 실천뿐이다.

지금 자신의 삶에서 놓치고 있는 것이 무엇인지 다시 한 번 마음속에 되새겨 보기 바란다. 그리고 그것에 도전해 보라. 꿈은 더 이상 헛된 생각도 아니며 더욱이 이상주의자라고 비난받을 일도 아니다. 꿈을 꾸고 그것을 현실로 이루며 살고 있는 사람들이야말로 지극히 현실적인 사람들이라 말하고 싶다.

지금까지 나를 이끌어준 단어, 또 앞으로도 나를 이끌어줄 단어 '지금 바로' 나는 다음의 4행시로 이 책을 문을 열어보고자 한다.

지구 상에 꿈을 가진 모든 이들에게 바랍니다.
금일 지금 이 순간을 결코 헛되이 보내지 마세요.
바라 건데 꿈이 있다면 도전하세요. 지금 그 자리에서부터 시작하면
    됩니다.

로(노)인이 된 후에야 '내가 조금만 더 젊었더라면' 하는 후회 속에 살지 말고, 한 살 이라도 젊은 '지금 바로' 시작하세요.

부디 나와 인연을 맺게 된 여러분은 평범한 안정 대신 변화를 시도하기 바란다. 지금 당장은 불안정하더라도 변화를 두려워하지 않고 끊임없이 도전한다면 여러분 또한 그것을 이루며 살게 될 것이다.

2014년의 어느 날에 −표 선희

CHAPTER 2

생각을 바꾸면 미래가 달라진다

CHAPTER 3

미래를 디자인 할 7가지 습관

CHAPTER 5
이미 당신은 누군가의 가능성이다

CHAPTER 1

평범함 속
비범함을
깨워라

나는 평범하지만

담대함이 있다.

나는 남들과 다른 삶을 살거야!

1
평범함을 거부하면 인생이 바뀐다

평범한 가정에서 태어나 평범한 가르침을 받고 평범한 생각을 하며 자란 우리는 현재 그 삶에 만족하며 안주하는 삶을 살고 있다. 그리고 우리는 지금까지 그래 왔듯 앞으로의 삶 또한 평범한 가족 구성원, 혹은 사회 구성원 중 한 사람으로 살아가게 될 것이다. 우리가 평범함을 거부하지 않고 그것에 만족하며 사는 한 말이다. 그러나 나는 말하고 싶다.

"꿈을 꾸고 그 꿈이 이루어지길 진정으로 바란다면, 지금 여러분이 누리고 있는 '평범한 삶' 그 자체에 만족하지 마라"

평범함이란 단어는 평소 우리에게 친숙한 단어이자 거부할 수 없는 단어 중 하나이다.

때문에 많은 사람은 자신에 대해 조금의 망설임도 없이 자신을 스스로 평범한 사람이라 소개한다.

"저는 평범한 직장인입니다."
"평범한 가장입니다."
"평범한 주부예요."
"평범한 학생입니다."
"평범한 대한민국 국민입니다."

나 또한 평범함을 거부할 줄 모르는 지극히 평범한 사람 중 한 사람이었다. 그렇다. 얼마 전까지도 나는 '평범함' 그 자체만으로도 감사하며 만족한 삶을 살았다. 평범하게 사는 것 또한 쉬운 일이 아니라는 것을 알고 있었기 때문이다.

어릴 적 나의 아버지는 가구공장을 운영하셨다. 사람들은 그런 아버지를 '표 사장'이라고 불렀다. 그러나 말이 좋아 사장일 뿐, 사업은 늘 어려워 직장생활을 하는 여느 평범한 가정집보다도 형편이 좋지 못했다. 그래서 다섯 식구가 조그마한 단칸방에서 생활하며 어느 때는 끼니를 걱정하던 때도 있었다.

언제부터인가 수작업으로만 해야 했던 가구 만드는 일은 차츰 기업화가 되면서 기계화, 자동화 시스템에 밀려나기 시작했다. 그렇게 시대의 흐름 속에 밀려 서서히 일이 줄어들고 그나마도 운영이 어려워지면서 아버지는 공장 문을 닫아야만 했다. 자연스럽게 가정형편은 더욱 어려워질 수밖에 없는 상황이었다.

본의 아니게 어린 나이에 가난이라는 것을 몸소 체험한 나는 그다지 하고 싶지 않은 경험을 하며 자랐다. 그러한 영향 때문인지 어릴 적 나는 '부자는 바라지도 않으니 평범하게 만이라도 살았으면 좋겠다.' 하고 바라게 되었다.

어릴 적, 나는 평범하게 산다는 것 또한 결코 쉬운 일이 아니라 생각했다. 그 때문에 평범하게 만이라도 살 수만 있다면 그 자체만으로도 행복이라 여기며 그러한 삶을 살고자 노력했다. 그러고 보면 나의 평범함은 결코 그냥 이루어진 것이 아니다. 평범한 삶을 목표로 평범한 삶을 이루고자 노력했기 때문에 이루어진 결과이다. 결과적으로는 평범한 삶을 살고 있으니 목표를 이룬 셈이다.

단순하게 생각하면 참으로 행복한 일이다. '평범함' 이라는 목표를 이루며 살고 있으니 말이다. 그러나 조금만 더 깊게 생각하면 씁쓸한 일이 아닐 수 없다. 내 인생에 고작 평범함이 목표였으니 말이다.

물론 평범함이 나쁘다는 것은 아니다. 그러나 누구나와 같은 평범한 삶을 살아야 할 이유는 없다. 우리가 평범한 가정에서 태어나 평범한 가르침을 받으며 산 것은 어쩔 수 없다 해도 앞으로의 삶까지도 그렇게 살 필요는 없다. 우리는 지금의 평범함에서 조금 더 자신의 삶을 업그레이드 해가며 비범함으로 거듭나는 방법을 모색해야 한다.

어미 호랑이가 새끼호랑이를 두고 사냥꾼의 총에 맞아 죽는다. 혼자 남겨진 새끼호랑이는 지나가던 양들에 의해 발견되고, 새끼호랑이를 불쌍히 여긴 양들은 새끼호랑이를 돌보며 자식처럼 키우기 시작한다. 새끼호랑이는 양들이 부모이고 형제인 줄 알며 그들의 사랑 속에서 아무런 의심도 없이 자란다. 양들과 생활하며 양들처럼 풀을 뜯고, 양들처럼 뛰어놀며 양들처럼 울기 시작한다. 그러던 어느 날, 훌쩍 커버린 새끼호랑이는 호숫가에 앉아 물을 마시던 중 호수에 비친 자신의 모습을 들여다보며 깜짝 놀라고 만다. 양들과 다른 모습을 하고 있는 자신을 발견했기 때문이다. 호랑이는 생각한다.

'나는 왜 내가 저들과 다르다는 것을 지금까지 모르고 살았지?'

'나는 분명 저들과 다른데 계속 그들과 같은 모습으로 살아야 하는 걸까?'

'지금까지 아무 일 없이 잘 살아왔는데, 앞으로도 그냥 이대로 살면 되지 않을까?'

호랑이는 자신이 절대 평범하지 않다는 것을 알면서도 지금의 삶에 안주하며 남은 미래도 그렇게 살 것인지, 자신의 비범함을 인식하고 자신의 역량을 키워 나갈 것인지를 고민한다.

결국, 호랑이는 평범했던 양들의 일상에서 벗어나 자신의 길을 찾기 시작한다. 양들이 한 발짝 뛸 때 호랑이는 두 발짝, 세 발짝 뛰고, 양들이 풀을 뜯을 때 산짐승을 잡아먹으며, 양들이 '음매' 하고 울 때 호랑이는 자신의 목소리를 찾기 위해 노력한다. 그렇게 양들 속에서 자신의 모습을 찾기 위해 갖은 노력을 한 결과 마침내 포효하며 호랑이로서의 모습을 갖추고 동물의 왕으로 거듭난다.

여러분이 만약 호랑이라면 어떤 선택을 할 것인가?

'지금까지도 문제없이 잘 살아왔는데 앞으로도 이렇게 살면 되지!'

'나는 남들과 분명 다른데 왜 그들과 같은 모습으로 살고자 애를 쓰며 살고 있지? 이제부터라도 나 자신을 찾아야겠어!'

전자인가, 후자인가? 나는 후자가 되라 말하고 싶다. 즉 지금부터라도 자신이 남들과 다른 사람임을 인식하고 자신의 꿈을 찾으란 말이다.

우리는 그동안 양들의 무리에 끼어 자신의 의지와는 상관없이 어느 한 마리의 양이 앞장서면 우르르 그 뒤를 따르며 살아왔다. 때문에 어쩌면 이미 그런 사회 속에 물들어져 지금의 삶이 더 편하고 익숙할 수도 있다.

그러나 더는 양의 모습을 한 호랑이가 되어서는 안 된다. 아무 생각 없이 양 떼 속에 속해 있던 호랑이였음을 인식하고 진정한 자신의 모습을 되찾아야 한다.

세상에 비범한 사람은 따로 있는 게 아니다. 사람마다 각자 비범함을 갖고 태어났다. 그러나 어느 순간 사람들은 같은 목표를 갖고 비슷한 생각을 하며, 평범한 울타리 안에서 보통사람으로 살아가는데 안주하기 때문에 비범함을 잃는 것이다.

다시 말하지만, 결코 그 삶이 잘못되었다는 것은 아니다. 하지만 자기계발서를 펼쳐 든 여러분은 최소한 그들과는 생각이 달라야 한다. 평범한 생활이 좋고 평범한 사람으로 사는데 만족한다면 굳이 자기계발서를 펼쳐 들 이유가 없다. 그러나 무언가 남들과 다른 삶, 발전적인 삶을 살고자 하는 열망이 있는 여러분은 이미 그렇지 않은 사람보다 뛰어난 생각을 하고 있다. 라고 말해주고 싶다.

"비범한 사람은 바로 '나 자신'임을 기억하라. 그리고 비범한 사람으로 거듭나라. 그렇게 자신이 비범한 사람임을 인식하고 행동하면 머지않은 미래에는 분명 자신이 원하는 것을 얻게 될 것이다."

2
'나중에' 그것은 영원히 오지 않는다

"당신은 꿈이 뭐예요?"
"하루하루 살기도 힘든 나에게 꿈은 사치일 뿐, 꿈같은 건 없습니다."
"그래도 꿈은 있어야지요!"
"나중에요, 나중에…."

자신의 꿈을 미루거나 성공의 기회를 놓치는 사람들의 일면을 들여다
보면 대부분 나중으로 미루는 공통된 습관이 있다.

"나중에 돈 벌면…."
"나중에 아이들 다 크면…."

"나중에 퇴직하면….."

"나중에 시간 여유가 생기면….."

"나중에 자리 좀 잡히면…"

"나중에 성공하면….."

"나중에…, 나중에…, 나중에….."

'나중에' 라는 특정한 기한도 정해져 있지 않은 무책임한 말들로 자신의 꿈과 성공을 미루는 사람들을 우리는 주변에서 너무도 쉽게 마주한다. 그러다 보니 오히려 그렇지 않은 사람들을 찾기가 천연기념물 찾기보다도 힘든 게 요즘의 현실이다.

평범한 삶을 살고 있는 사람이라면 '나중에' 라는 단어는 이미 익숙해질대로 익숙해져 있을 것이다. 자신의 꿈과 성공을 영원한 미래로 무한정 미루며 살고 있다는 것을 자각하지 못한 채 말이다. 여러분도 예외는 아니다. 나중으로 미루는 습관이 이미 몸에 밸 대로 배어 오히려 지금 바로 행동하면 그 모습이 더 어색하지 않을까 싶다. 그러나 평범함 속에 자신을 영영 묻어둘 것이 아니라면 이제 그러한 습관과 행동은 과감히 버려야 한다.

평범한 사람들이 만들어 놓은 울타리 안에서 굳이 여러분들까지도 그들과 같은 삶을 살 필요는 없다. 가슴 설레는 미래를 생각한다면 여러분은 그들과 다른 길을 가야 한다. 그러기 위해서는 그들이 '나중에' 라고 외칠 때 여러분은 '지금 당장!' 을 외치고 바로 움직여야 한다.

한때 평범한 삶을 꿈꿔왔던 나는, 언제부터인가 그러한 삶에 회의를 느끼기 시작했다. 매일 똑같은 일상 속에서 비슷한 사람들과 비슷한 생각을 하며 비슷한 미래를 살아야 한다는 게 무엇보다 싫었다. 그래서 예전에 내가 했던 평범한 생각과 습관의 틀 안에서 빠져나오고자 의식적으로 노력했다.

평범한 삶을 추구하며 사는 나를 발견한 순간, 나는 기왕 살아가는 거 내가 하고 싶고 내가 꿈꾸는 것들을 이루며 살아보자 결심하게 된다. 그리고 남들과 다른 조금은 특별한 나만의 삶이 뭐가 있을까 생각하기 시작했다. 그 후로 나는 나의 꿈을 하나씩 찾으며 그 꿈을 이루기 위해 내일로 미루는 대신, 당장 시작하고 도전하는 삶을 살고자 끊임없이 노력했다.

맞벌이를 하는 나는 퇴근 후 집에 돌아와 집안일을 끝내고 나면 보통 시간이 밤 9시, 10시였다. 나는 그 이후의 시간을 최대한 활용해 공부하며 하루 4~5시간의 잠을 청했다. 그리고 주말에는 교육장을 오가며 나의 꿈에 아낌없이 투자했다.

그렇게 '나중에'라는 생각과 행동을 최대한 지양하면서 '지금 바로'라는 성공자의 마인드를 실천하다 보니 차츰 그 결과가 눈앞에 보이기 시작했다. 나중으로 미루었으면 영원히 이룰 수 없었을지도 모르는 꿈을 이루기 시작한 것이다.

그렇게 꿈이 눈앞에 현실이 되어 가는 과정을 직접 체험하면서부터 나는 평범한 사람들의 마인드가 아닌 성공자의 마인드를 갖고 살아간다는 게 얼마나 중요한 것인지를 깨닫기 시작했다.

"평범한 사람들이 가지고 있는 마인드를 갖고 살면 평범한 사람에 머무르게 된다. 반면 꿈을 이루고 사는 성공자의 마인드를 가지고 살면 자신도 원하는 꿈을 이루는 성공자가 될 수 있다."

꿈이 없는 사람은 현재의 자리에서 이룰 수 있는 최소단위의 꿈만 바라보며 살게 된다. 직장인의 경우 승진이나 연봉인상, 실업자의 경우 원하는 곳의 취업, 학생이라면 좋은 학교 진학, 기혼자라면 내 집 마련, 미혼자라면 좋은 배우자와의 결혼 등이 그것이다. 일반적인 것을 바라고 또 그것을 위해 정말 부지런히 열심히 사는 것이다. 살기 위한 삶을 살아내기 위해 최소단위의 꿈을 꾸고 또 그것에 만족하며 말이다.

그러나 나는 누구나 꿈꾸는 최소단위의 꿈에 다시는 만족하며 살고 싶지 않았다. 남들이 다 꾸는 꿈, 굳이 꿈이 아니더라도 열심히만 노력하면 될 수 있는 그러한 것에 매달려 내 삶을 송두리째 그것에 바치며 세월을 보내야 한다는 게 아깝고 허무했다. 그래서 기본적으로 남들과 같은 최소단위의 꿈을 위해 살기는 살되, 거기에 나를 위한 나만의 특별한 삶을 플러스해 내 생애 최고의 삶을 살아보고자 결심했다.

최소단위의 꿈을 꾸며 살게 되면 '나중에' 라는 말이 나 자신에게 그리 미안하게 다가오지 않는다. 남들도 다 그렇게 살고 있고 그렇게 살아도 최소단위의 꿈은 언젠가는 이룰 수 있기 때문이다. 그러나 자신이 꿈꾸는 최고의 삶을 살기 위해서는 '나중에' 라는 말은 절대로 허용하면 안된다. 자신의 꿈을 나중으로 미루면 그 꿈은 영원히 이루어지지 않기 때문이다.

과거 최소단위의 꿈만 꾸며 살던 때의 나는 삶이 재미없고 무료했다. '언제까지 이러고 살아야 하나?', '왜 이러고 살고 있지?', '조금만 더

참고 견뎌보자!' 등 마음속으로 온갖 신세 한탄과 한숨만 자아냈다. 그러나 '내 생애 최고의 삶을 살아보자!' 하고 결심한 후부터는 생각의 깊이가 달라지고 의식 수준도 높아졌다. 열등감이 자신감으로, 절망이 희망으로, 부정이 긍정으로 바뀌었으며, 무엇보다 최소단위의 바람이 최고단위의 꿈으로 바뀌면서 인생의 변화가 시작된 것이다. 이렇듯 여러분도 이미 몸에 밸 대로 배인 '나중에' 라는 습관을 바꾸는 일부터 시작하면 된다.

자신이 가야 할 방향도 잊은 채 남들과 같은 삶을 살고자 함이 아니라면 굳이 그들과 같은 삶을 살 필요는 없다. 지금까지 수없이 많은 일들을 나중으로 미뤄온 여러분은 그것 중 제대로 해 놓은 일이 과연 얼마나 되는지 생각해 보라. 아마도 그 나중은 아직 때가 되지 않았다며 지금까지도 미루고 있는 중은 아닌가. 지금까지도 오지 않은 그 나중은 결코 나중에도 오지 않는다. 아마도 여러분에게 영원히 오지 않을 수도 있다. 아니 영원히 오지 않는 게 '나중에…' 이다.

"당신이 만약 참으로 열심히라면 '나중에' 라고 말하지 말고, 지금 당장 이 순간에 해야 할 일을 시작해야 한다."

-괴테

35

3

자신의 재능을 왜 내버려 두는가

"내가 말이야, 합창이란 걸 하면서 목소리 타고났다, 전공으로 한번 해봐라 등의 소리를 많이 듣는데 나는 그냥 취미로만 하려고…."

"숨은 재능을 찾으셨군요!"

"응, 정작 나 자신은 그걸 모르고 있었던 것 같아. 그러고 보면 어려서 부터 노래 잘한다는 소리를 들은 것도 그런 재능이 있어서 그랬던 거 같아."

"그런데 그런 말을 들어도 내가 정말 그런 재능이 있나 하고 의심만 생길 뿐 실감은 안나."

"자신을 믿으셔야죠, 좋아하는 일이면 관련 공부를 좀 해보는 것도 좋을 듯싶은데."

"내심 한 번 발성 수업을 받아 볼까 하고 몰래 알아보기도 했어, 혼자 조용히."

"알아보기까지 했다면 마음은 있다는 건데 그러면 과감하게 도전하심이…."

"사실 전혀 생각지도 못했던 합창을 접하면서 또 몰랐던 숨어 있는 재능이 있다고 하니 조금 솔깃하긴 했지만, 이 나이에 뭐하나 싶기도 하고 망설여지네."

"가슴이 시키는 일을 하라고 하잖아요, 발성 수업까지 알아봤을 정도면 마음이 있다는 건데."

"10년만 젊었어도 도전해 보겠는데 선뜻 용기가 안 나서 그냥 취미로만 하자, 이렇게 나 스스로를 다독이고 있어."

"10년 후에도 그런 소리 하지 말고 생각 있으시면 지금 바로 시작하세요."

"그러잖아요, 앞으로 살아갈 날 중에 지금이 바로 가장 젊은 때라고. 잠시 마음을 다독여 보다가 그래도 마음속에서 계속 꿈틀대면 그땐 꼭 도전해보세요."

얼마 전 친하게 지내는 J 선배와 나누었던 대화내용이다. 직장생활을 하며 취미생활로 합창단에서 여가를 즐기고 있는 J 선배는 소속 지휘단장과 외부 발성 강사로부터 소리가 좋다는 칭찬을 여러 번 들었다고 한다.

그러나 재능을 살려보라는 주변의 칭찬과 권유에도 불구하고 J 선배는 여전히 갈등하는 눈치다. 자신에 대해 확신을 하지 못하는 J 선배는 전문가들로부터의 인정을 받고도 자신의 재능을 애써 외면하며 용기를 내지 못하고 망설이고 있다.

　인간은 누구나 최소 한 가지 이상의 재능을 가지고 태어났다. 그러한 재능은 자기 스스로 발견하기도 하고 또 누군가에 의해 발견되기도 한다. 그러나 사람들은 그렇게 찾은 자신의 재능에 대해서 부정, 의심, 망설임, 두려움만 가질 뿐 재능에 대해 자기계발을 하려 하지 않는다.

　'이런 게 무슨 재능이야!', '나보다 뛰어난 사람들이 얼마나 많은데…', '이제 와서 무슨', '과연 내가 될까?' 등의 부정적인 생각들로 시간만 보내며 자신을 평범함 속에 또다시 묻어두는 것이다.

　자신의 재능을 마음껏 발휘하지 않고 사는 사람들에게 연설가 비키 히츠게스는 말했다.

　"당신은 '그때 그렇게 했었다면 좋았을 것을….' 혹은 '그때 그렇게만 했다면 지금 더없이 기쁠 텐데….' 라고 생각하면서 지나간 인생을 아쉬워하겠습니까? 선택은 당신 자신에게 달려 있습니다."

　자신의 재능이 무엇인지 모르는 사람이나 알아도 그것을 믿지 못하는 사람은 자신의 재능을 잠재워두게 된다. 그리고 재능과는 맞지 않는 일을 하느라 정신적, 육체적, 물질적으로 시간과 에너지를 소비하며 온갖 스트레스에 시달린다. 결국, 다른 누군가의 꿈만 좇으며 그들의 노예가 되어 사느라 자신의 인생을 소비해 버리는 것이다.

　자신의 재능을 긍정하면 그 이상의 잠재력과 가능성이 무한대로 열린다. 우리는 그것을 최대한 끌어와 꿈을 이루며 살아야 할 필요가 있다.

20세기 최고의 발레리나로 유명한 러시아의 안나 파블로바는 어린 시절 러시아 황실 발레학교에 입학하려다 거절당한다. 너무 어린 데다 비쩍 말랐다는 이유였다. 그러나 그녀의 재능을 한눈에 알아본 발레계의 거장 마리우 프티파는 어린 파블로바에게 발레를 가르치기 시작한다.

파블로바의 신체는 마르고 가녀린 몸에 발목까지 약해서 발레리나로서 좋은 조건은 아니었다. 때문에 그녀는 친구들로부터 '작은 미개인' 또는 '빗자루'라 불리며 놀림을 당하기 일쑤였다. 파블로바는 그러한 자신의 약점에 지고 싶지 않아 무리하게 높은 점프와 턴을 시도하곤 했다. 그렇게 자신의 신체적 특징을 고려하지 않고 무리한 시도를 하는 파블로바를 보다 못한 스승은 어느 날 그녀에게 이렇게 타일렀다.

"파블로바, 그런 동작은 다른 무용수들이 하게 내버려 두렴. 너와 신체적 조건이 다른 사람들이 하는 동작을 똑같이 따라 하려 하는 것은 바보 같은 일이란다. 애써 그들을 흉내 내려 하지 말고, 너는 너만의 특별한 재능을 이끌어내는 것이 좋겠구나. 너는 다른 사람이 갖지 못한 우아하고 지적인 표현력이 무엇보다 매력이란다."

결국, 파블로바는 위험한 동작에 집착하지 않고 자신이 표현할 수 있는 것들을 찾아 그것에 집중하기로 한다. 그렇게 우아하고 시적인 표현을 연습하기 시작하며 자신만의 스타일을 만든 파블로바는 결국 발레리나의 최고봉인 프리마 발레리나가 되었다.

남들이 다 한다고, 또 남들도 하는 거니까 라는 생각에 그것을 굳이 따라 할 필요는 없다. 남들이 하는 게 좋아 보이고, 남들이 하니까 나도

이리저리 휩쓸려 다니며 아까운 시간을 낭비하는 것은
이제는 그만하고 자신의 꿈과 성공을 위한 길을 개척해 보라.

해야 한다는 식의 생각은 자신의 재능을 개발하고 그것을 계발시키는 데 방해만 될 뿐이다.

자신의 약점을 보완하려 노력은 하되 그것에 연연하느라 자신의 재능을 내버려두어서는 안 된다. 차라리 그 노력을 자신의 재능을 개발하는 데 투자하라. 그러면 열 배, 백 배 이상의 효과를 누릴 수 있으며 투자에 대한 효과도 높이고 자신의 가치도 높아진다.

안타깝게도 많은 사람이 의식조차 하지 못한 채, 아직도 세상이 정해 놓은 틀에 박혀 그 시스템 속에 맞는 삶을 사느라 많은 시간과 노력을 투자하고도 만족스러운 효과를 얻지 못한다. 현명한 사람이라면 어차피 하는 투자와 노력, 기왕이면 자신이 좋아하고 자신의 역량을 발휘할 수 있는 곳에 투자해야 한다. 자기의 삶을 능률적으로 주관해야 한다는 말이다.

현재 자신의 재능을 찾은 사람도 있고 그렇지 않은 사람도 분명 있을 것이다. 자신의 재능을 찾은 사람은 더 이상 말할 필요도 없이 자신을 믿고 그것을 개발시켜 나가면 된다. 그러나 아직 자신의 재능을 찾지 못한 사람이라면 자신이 무엇을 좋아하는지, 무엇이 하고 싶은지, 또 무엇에 자신이 있는지 등 자신의 꿈과 연결 지어 생각해 보자. 그리고 찾아낸 자신의 재능에 믿음의 날개를 달아줘 보라. 분명 예전과는 다른 자신의 모습을 발견하게 될 것이다.

4

One of them이 아닌 Only One

21세기를 움직인 도전, 창조, 혁신의 아이콘이자 애플의 공동 창립자인 스티브 잡스. 그는 2005년 6월 미국 서부 명문 스탠퍼드대학교 졸업식에서 이와 같은 연설을 했다.

"여러분의 시간은 한정되어 있습니다. 그러니 다른 사람의 인생을 사느라 시간을 낭비하지 마십시오. 다른 사람들이 생각한 결과에 맞춰 사는 함정에 빠지지 마십시오. 그것은 다른 사람의 생각대로 사는 것과 다를 바 없습니다. 다른 사람의 의견에 의해서 여러분 내면의 소리를 죽이지 마십시오. 가장 중요한 것은 여러분의 마음과 직관을 따르는 용기를 갖는 것입니다. 여러분의 마음과 직관은 이미 당신이 진정으로 무엇을 원하는지 알고 있습니다. 다른 모든 것들은 모두 부차적인 것들입니다."

　　지금까지 여러분은 꿈과 성공이라는 단어와는 무관하게 사회가 정해놓은 기준과 사람들의 시선 또 그들이 바라는 잣대에 맞춰 사느라 영혼 없이 이끌려 다니며 살았다. 남들이 생각하는 좋은 대학, '우와' 하고 감탄 할만큼의 남들이 부러워하는 직장, 남들이 인정하는 사회적 위치. 이런 무대에 오르기 위해 부단히도 애를 쓰며, 그들이 인정하면 '성공' 그렇지 않으면 '실패'인 삶을 사는 것이다.

　　이렇듯 사람들은 지금 이 시각에도 세상이 정해 놓은 근거 없는 기준에 맞춰 사느라 정작 자신이 하고 싶은 일이 무엇인지, 무엇을 할 때 행복한지조차도 모른 채 살아가고 있다. 더욱 안타까운 것은 지금도 그 속에서 TOP이 되기 위해 남몰래 치열하게 경쟁하며 쉬지 않고 경쟁 가도를 달리고 있다는 것이다.

　　사람들은 남들도 다 하는 비슷한 일에 매달려 사느라 자기 삶의 대부분을 남들과 같은 삶에 투자해버리고 만다. 그들과 같은 삶을 살기 위해, 혹은 그들에게 조금이라도 뒤처지지 않기 위해 자신의 부족한 부분을 채우려 부단히 애를 쓰면서도 정작 자신의 장점이나 재능은 능력발휘를 하지도 못하고 잠재워둔다. 그렇게 해서 결국에 얻는 것은 남들과 비슷한 수준의 사람 즉 '평범한 사람'이라는 타이틀뿐, 그 이상의 어떠한 자신만의 특별한 것은 아무것도 얻지 못한다.

　　현재 연예계 출신 자기계발 강사 섭외 1위로서 강연 및 방송 MC의 역할을 소화해내느라 누구보다 바쁜 일정을 보내고 있는 오종철이 있다.

그는 SBS 공채 5기 개그맨으로 처음 연예계에 발을 내디뎠지만 '웃기지 못한다'는 이유로 번번이 대기실을 지켜야 했고, 그러다 보니 인기도 얻지 못했다. 결국, 수년간 무명개그맨으로 살아야 했던 그는 특별한 계기를 통해 자기의 일에 대해 정의 하는 시간을 마련하며 무명개그맨 오종철이 아닌 소통테이너 오종철로 세상 사람들과 소통하기 시작한다.

일과 소통하기 시작하며 자신의 꿈을 찾은 그는 케이블 TV 〈세상을 바꾸는 시간 15분〉이라는 방송 프로그램에 강연자로 나와 이런 말을 했다.

"개그맨 오종철은 남을 웃기는 사람, 남을 웃기는 직업을 가진 사람 중의 한사람으로 살았습니다. 결국 '원 오브 뎀'이었던 거죠.

저는 개그맨들 사이에서 동료들과 함께 시대의 흐름에 맞는 개그를 연구하고 그것을 좇으며 사느라 제 모습을 잃어버리게 되었습니다.

그러다 우연히 1,000명 중 한 명인 '개그맨 오종철'이 아닌 '오종철인 내가 할 수 있는 개그는 무엇일까?'를 생각하게 되었어요.

그리고 세상이 정한 개그맨의 정의는 남을 웃기는 사람이지만 오종철이 하는 개그는 세상에 웃을 일을 많이 만드는 사람이라는 정의를 하게 되었습니다. 그 순간 저는 '온리 원'이 되더라고요."

그는 세상에 한 명밖에 없는 '소통테이너'라는 개인 브랜드를 만들며 그의 인생도 바뀌었다고 말한다. 개그맨 오종철로 살 때에는 오로지 방송으로만 자신의 성과를 기대할 수 있었다. 하지만 온리 원으로 사는 지금은 방송인, 토크쇼 기획자, 강연가, 저자, 동기부여가 등 많은 일을 하며 자신이 주체인 삶을 살고 있다. 그는 세상 사람들에게 말한다.

"남들과 똑같은 삶을 살기 위해 자신의 부족한 부분을 채우느라 시간을 소비하며 애쓰지 말고, 나만이 가진 탁월한 재능을 살려 세상에 내가 주인인 '온리 원'의 삶을 살라."

평범함에서 벗어나 자신의 발전을 위한 차별화의 필요성을 느낀다면 여러분은 이제 수많은 사람 중의 한 명인 '원 오브 뎀'이 아닌 세상에 단 하나밖에 없는 '온리 원'이 되어야 한다. 그러기 위해서는 자신이 속한 공동체 속 타인과의 경쟁을 과감히 거부해야 한다. 똑같은 목표 똑같은 스펙 쌓기에 도전하며 아까운 시간을 무모하게 소비하기보다는 그 시간에 자신을 위한 더욱 효과적이고 발전적인 일에 투자해야 한다.

자신만의 개성과 능력을 찾아내 세상에 단 하나뿐인 '나'를 당당히 인정하는 일부터 시작해 보라. 그리고 늘 남들 주변만 맴돌던 주변인의 마인드에서 내 삶의 주인인 주인공 마인드로 생각을 바꾸어보자.

세상이 정해놓은 방향이 아닌, 내 자신 스스로 비전이 이끄는 삶을 살기 위한 방향으로 이끌어 나가는 것은 이러한 주도적인 삶의 마인드부터 시작된다고 볼 수 있다. 즉 온리 원이 되면 누군가에게 끌려다니는 삶이 아닌 자신 스스로 선택하고 결정하는 '나 자신이 주인'인 삶을 살 수 있게 되는 것이다.

주변을 둘러보면 아직도 많은 사람이 진정 자신이 가고자 하는 길이 무엇인지조차도 찾지 못한 채 방황하고 있다. 그들은 남들이 정해 놓은 길, 세상이 알려주는 길 위에서 조금의 의심도 없다. 어떻게 하면 그 길을 무사히 걸어갈 수 있을지, 어떻게 하면 남들보다 빨리 목적지에 도착할 수 있을지 만을 고민하고 노력한다.

오종철은 과거에 성공을 꿈꾸었지만 성공하지 못했고, 그가 가진 원래의 꿈을 포기할 수밖에 없었던 이유에 대해 그의 저서 『온리 원』을 통해 이렇게 말했다.

"나는 내 꿈을 스스로 결정하지 못했다.
나는 누군가와 '같아지려는' 꿈을 꾸고 있었다.
나는 '남들이 만들어놓은 판'에서 내 꿈을 이루려고 했다."
"결국, 나는 수많은 평범한 사람 중의 한 명, 즉 원 오브 뎀이 되려는 꿈을 꾸었을 뿐이었다."

여러분은 원 오브 뎀인가, 온리 원인가?
지금처럼 누군가와 같아지려는 꿈을 갖고 있는 사람이라면 원 오브 뎀으로 남아도 상관없다. 그러나 그것에서 벗어나 자신의 가치를 인정하고, 온리 원이 되고자 한다면 남들이 만들어 놓은 판에서 이제 그만 내려오도록 하라. 그리고 이리 저리 휩쓸려 다니며 아까운 시간을 낭비 하는 일은 더 이상 그만하고 자신의 꿈과 성공을 위한 길을 개척해 보라.

5
열심히 산 당신이 얻은 건 무엇인가?

지금까지 누구보다 열심히 살아왔다고 자부하는 지인 몇 명에게 물었다.

"현재의 삶에 만족하세요?"
"누구보다 열심히 살아왔는데 지금까지 얻은 건 무엇이라고 생각하세요?"

현재의 삶에 대체로 만족한다는 대답을 한 그들이 지금까지 얻은 것은 대부분 이러했다.

"배우자"

"자식"

"적금통장"

"자동차"

"내 집 마련"

"연봉인상"

"직급"

"각종 병"

"늘어난 몸무게"

"대출금"

"할부금"

여러분 또한 위의 대답에서 크게 벗어나지 않으리라 생각한다. 이 시대를 살아가는 30~40대 성인이라면 대부분이 동감하는 부분일 테니 말이다. 그렇다면 서로가 다른 모습으로 태어나 다른 생각을 하고 다른 가치관을 갖고 살아야 할 사람들에게서 왜 이처럼 같은 생각과 대답이 나오는 것일까?

이유는 자신이 '하고 싶은 일'이 아닌 '해야 하는 일'을 하며 살고 있기 때문이다.

하고 싶은 일은 개인마다 취향이나 능력에 따라 모두 다르다. 그래서 자신이 하고 싶은 일을 하고 살게 되면 자연스럽게 그들이 얻는 결과물도 다양해진다. 그러나 해야 하는 일을 하고 사는 사람들은 남들이 정해

놓은 기준에 똑같이 맞추어 살다 보니 당연히 얻어지는 결과물도 같을 수밖에 없다.

만약 당신이 이런 보편적인 것들의 결과에 만족한다면 어쩔 수 없지만 그렇지 않다면 다시 한 번 생각해 보아야 한다. 분명한 건 '하고 싶은 일'을 하고 산다고 해서 '해야 하는 일'을 하지 못하고 사는 건 아니라는 것이다. 다시 말해 '해야 하는 일' 때문에 '하고 싶은 일'을 포기하고 살 필요는 없다.

'해야 하는 일'은 해야 한다. 기혼자라면 가족의 생계도 책임져야 하고 자녀 교육비, 내 집 마련, 노후 대비 등 금전적으로 필요한 곳이 많으니 경제활동을 해야 하는 게 당연하다. 또한, 기혼이 아니더라도 가족과 자신의 앞가림을 위해 경제활동은 반드시 필요하다. 그렇다고 해야 하는 일에 얽매여 하고 싶은 일을 포기하며 살아서는 안 된다. 훗날 '후회'라는 것을 하지 않으려면 말이다.

위의 결과들이 모두 잘못되었다는 것은 아니다. 열심히 부지런히 산 노력의 대가인데 그것을 함부로 비하할 생각은 전혀 없다. 하지만 가치 기준을 조금만 돌려 생각해 보면 안타까운 마음이 드는 건 어쩔 수 없는 사실이다.

남들 하는 만큼만 하고 딱 남들 얻는 만큼만 얻고 사는 것, 그것조차도 하며 살기에 어렵고 힘들다는 거 물론 잘 안다. 그렇다. 우리는 그 자리를 지키기 위해 매일 상대를 견제하고 경쟁하며 살기에도 벅차고 힘들다. 그러나 그것에 만족하며 살기에는 우리가 가지고 태어난 가치가 너무 아깝다는 생각이 들지 않는가. 열심히 살기 위함이, 또 열심히 사는 이유가 내 가치 기준이 아닌 고작 세상이 만들어 놓은 가치기준이라니.

나 또한 지금까지 정말 열심히 살아왔다. 세상이 정해 놓은 틀에서 남들보다 앞서지는 못해도 뒤처지지는 않으려 최대한 노력했으며 그에 대한 결과물도 당연히 얻었다. 물론 남들도 얻고 사는 그러한 것들로 말이다.

그러나 나는 그러한 것들에 만족하지 못했다. 남들과 똑같이 노력하고 그들과 똑같이 얻는 결과물에는 더 이상 어떠한 매력도 느껴지지 못했다. 한마디로 평범함이 싫었다. 그래서 생각했다. 어떻게 하면 평범함에서 벗어날 수 있을지를.

그렇다고 내가 당장 평범함에서 벗어날 수 있는 남들보다 뛰어난 능력이나 재능이 있는 것은 아니었다. 그렇지만 나는 나의 평범함에 조금의 변화라도 가지려고 가치기준을 바꾸는 일부터 시작했다.

다음은 가치기준을 바꾸고자 스스로 노력했던 부분들이다.

'남'에서 '나 자신'

지금까지 남을 위한 삶을 살았다면 이제부터는 나를 위한 삶을 살고자 기준점을 바꾸었다. '나 자신'의 가치를 인정하지 않고 자신이 스스로 주도적인 삶을 살지 않는다면 남의 인생에 이끌려 다니며 그들의 삶에 기여만 하는 정도 밖에 되지 않는다. 때로는 이기적일 수 있지만 가까운 미래에 내가 그들에게 '팽' 당하기 전에 내가 먼저 나를 챙겨야 한다.

'일터'에서 '꿈터'

대부분 사람들의 꿈의 무대는 다름 아닌 '일터'이다. 만약 여러분도 일터에서 자신이 성장하고 그에 맞는 직급을 얻는 게 꿈이라면 그것이 바로 당신의 '꿈터'가 될 수도 있다. 그러나 나에게는 결코 일터는 일터일 뿐 꿈터는 아니었다. 나에게 꿈의 무대는 따로 있었다.

요즘 직장은 우리의 미래를 절대로 보장해 주지 않는다. 언제든지 쫓겨날 수 있고, 어느 순간 밀려날 수 있는 곳이 바로 '일터'이다. 그런 곳에서 직장의 네임 밸류가 자기 자신의 가치인양 착각하고 그 환상에서 벗어나지 못하는 사람들도 뜻밖에 많다.

그런 사람들은 정작 명함 빼면 내세울게 아무것도 없다. 다시 말해 직장 일을 그만두면 더 이상 대접받는 공무원도 유명한 대기업 직원도, 과장도, 차장도, 부장도 아무것도 아니라는 말이다. 일터에서의 네임 밸류도 좋지만 내 꿈을 위한 무대를 찾고 퍼스널 브랜딩으로 나의 가치를 높여야 한다.

'돈'보다는 '시간'

돈이라는 숫자에는 예민하면서도 정작 시간 앞에 붙여지는 숫자에는 무뎠다. 통장 잔액의 숫자놀음에만 관심을 둘 뿐, 나의 꿈은 알려고도 하지 않고, 설령 안다고 해도 애써 모른 체했다. 영원히 찾아오지 않을 '나중'을 기약하며 말이다.

그러나 나는 돈보다는 시간에 더 가치를 두기 시작했다. 돈은 있다가도 없고 없다가도 생길 수 있지만, 시간은 지나가면 절대로 다시 돌아오지 않는다는 당연한 진리를 뒤늦게 깨달은 것이다. 시간을 버는 게 돈을 버는 것이다. 세월을 벌라는 말이 그냥 있는 말이 아니다.

'해야 하는 일' 더하기 '하고 싶은 일'

'해야 하는 일', '필요에 의한 일' 이라면 하는 게 맞다. 그러나 그것으로 끝나면 안 된다. 나 자신의 가치를 높이고자 한다면 남들이 하지 않는 일, 남들과 구분되는 일을 하되 정말 원하는 일, 나 자신이 하고 싶은 일을 해야 한다. 그래야 성장할 수 있고, 자신의 미래도 책임질 수 있다. 기왕 열심히 사는 거, 현실에 안주하지 말고 미래의 꿈을 위해 비전이 이끄는 삶을 살아보자.

가치기준을 바꾸고자 스스로 노력하기 전과 후의 삶에 공통적인 것은 열심히 살아왔고, 지금도 열심히 살고 있다는 것이다. 그러나 얻어지는 결과물은 확연히 달라졌다.

예전이나 지금이나 열심히 사는 것은 같지만, 세상을 보는 시각과 생각하는 관점, 자신에 대한 가치관 등 삶에 대한 모든 것들이 보편적인 것에서 긍정적이고 성공 지향적인 것으로 변했다.

아직도 주변에는 안타까울 정도로 보편적인 목적만 갖고 열심히만 사는 사람들이 많이 있다. 그들에게 다시 한 번 묻고 싶다. 그 대가로 얻은 것들에 진정으로 만족하는지. 혹 더 얻고 싶은 것은 정말 없는지.

6

꿈 앞에 핑계 대지 마라

경주 안강이라는 마을에서 태어난 한 소년이 있다. 그 소년의 집안은 매우 가난하였다. 소년은 초등학교를 졸업하고 난 뒤 중학교에 다닐 학비를 마련하기 위해 1년여 동안 산에 가서 나무를 했다. 그러다가 소년은 포항에 있는 중학교 중에 무료로 공부할 수 있는 곳이 있다는 소문을 듣게 된다. 소년은 무려 4시간을 걸어 그 학교를 찾아갔다. 그리고 입학을 하겠다며 떼를 썼다. 그러나 소년은 교장 선생님께로부터 다음과 같은 말을 듣는다.

"얘야, 너의 사정은 딱하지만, 집과 학교의 거리가 너무 멀구나. 그러니 이 학교는 포기하는 게 좋을 듯싶다."

그러나 소년은 포기하지 않고 교장 선생님께 애원한다.

"교장 선생님, 저는 이 학교가 아니면 다닐 수 있는 학교가 없습니다. 지각, 결석하는 일은 절대로 하지 않을 테니 제발 학교만 다닐 수 있게 해주세요."

간절하게 애원하는 소년의 부탁에 교장선생님은 차마 거절하지 못하고 소년의 입학을 허락하여 준다. 그 후로 소년은 3년 동안 새벽 4시에 책가방을 짊어지고 먼 길을 오갔다. 그렇게 중학교를 졸업한 뒤 소년은 고등학교 입학금이 없어 인근 농업고등학교에 장학생으로 지원해갔다.

소년은 고등학교 졸업 뒤 어렵게 사범대학에 입학해 교사생활을 잠시 하다가 더 큰 꿈을 품고 대학원 과정을 거친다. 그러던 중 의학에 관심이 생겨 의대 청강생으로 들어가 수업을 듣는다. 의대 교수들은 의대생도 아닌데 청강한다며 소년에게 갖은 수모를 주었다.

그렇지만 소년은 개의치 않고 10년 동안 의대생들과 함께 수업을 청강했다. 졸업장도 못 받는 수업을 청강하면서 개근까지 한 소년은 의대생들이 보는 시험까지 함께 보며 의대생들보다 높은 점수로 교수들을 놀라게 했다.

소년은 의대 졸업장도 없이 연세대 의대 교수 공개채용에 지원해 연세대 의대 교수가 되었다. 유학파 출신, 명문대 의대 출신의 많은 경쟁자를 물리치고 당당하게 오직 꿈과 실력만으로 의대 교수가 된 것이다. 그 소년은 바로 우리가 잘 알고 있는 고 황수관 박사이다.

"안녕하세요! 신바람 박사 황수관입니다."

항상 유쾌한 인사말로 국민을 즐겁게 해 주었던 그는 일화를 통해 알수 있듯이 누구보다 자신의 꿈과 배움에 적극적이고 열정적이었다. 늘 사람들에게 밝은 모습으로 즐거움과 웃음을 선사해주던 그에게도 이처럼 순탄치 않은 힘들고 어려운 과거가 있었지만 그럼에도 불구하고 그가 그 자리에 있을 수 있었던 것은 자신의 꿈을 포기하지 않았기 때문이다.

그의 일화를 통해 여러분은 꿈 앞에서는 어떠한 것도 핑곗거리가 될수 없다는 것을 다시 한 번 깨달았으리라 생각한다.

만약 황수관 박사가 가난을 핑계로, 부모를 핑계로, 학교 거리를 핑계로 자신이 하고자 하는 일을 포기 했다면 어떠했을까? 모르긴 해도 자신의 꿈은 이뤄보지도 못한 채 평범한 삶을 살았을 것이다. 그러나 그는 자신의 꿈을 끝까지 포기 하지 않았고 누구보다 그 꿈을 위해 열심히 살았다.

필리핀 속담에 "하고 싶은 일에는 방법이 보이고, 하기 싫은 일에는 핑계가 보인다."라는 말이 있다. 여러분은 지금 자신의 꿈 앞에 방법을 찾는 중인가, 아니면 핑곗거리를 찾아 헤매는 중인가.

우리 주위에는 꿈을 가지고 있는 사람이 있는가 하면 그렇지 않은 사람도 있다. 꿈이 없는 사람은 현실에 안주하며 혹은 지금의 현실도 힘들고 어렵다며 어떠한 꿈도 꾸려 하지 않는다. 반면 꿈이 있는 사람은 그 꿈을 이루기 위해 부지런히 방법을 찾아 움직이고 행동한다.

핑계는 사람들의 능력을 무력하게 만드는 힘이 있다. 때문에 핑계라는 무기를 사용하면 얼마든지 자신을 게으르고 무능하게 만들 수 있다.

핑계라는 무기는 사용하기도 쉽다. 말 한마디만 하면 된다.

"바빠서"
"힘들어서"
"어려워서"
"시간이 없어서"
"돈이 없어서"
"…."

이렇듯 지금 이 순간에도 사람들은 자신의 꿈 앞에 정말로 많은 변명과 핑곗거리를 가져다 대며 너무나 쉽게 자신의 꿈을 미루거나 포기해 버린다.

"나중에."
"언젠가는 해야지."
"조금만 더 있다가."
"지금은 때가 아니야!"
"아직 준비가 안 됐어."
"자신이 없어."
"아무것도 아닌 내가 어떻게."
"나에게 꿈은 사치에 불과해."

여러분은 지금 어떠한 핑계들로 자신의 꿈을 미루는 중인가?

세상에는 핑계 없는 무덤이 없으며, 핑계는 또 다른 핑계를 낳는다고 했다.

꿈이 있는 사람이든 꿈이 없는 사람이든, 성공한 사람이든 실패한 사람이든 문젯거리들은 누구에게나 존재한다. 다만 그 문젯거리를 핑계라는 포장지에 싸서 묻어 둘 것인지, 방법이라는 도구를 사용해 계발시켜 나갈 것인지는 스스로 마음먹기에 달려있다.

같은 조건, 같은 환경에 있는 사람들 일지라도 자신이 처한 환경이 온통 핑곗거리가 되어 자신의 꿈은커녕 현실조차도 부정적인 마인드에 갇혀 사는 사람이 있는가 하면, 그 반대의 경우도 있다.

같은 가난이더라도 누군가에게는 꿈을 이룰 수 없는, 이루지 못하는 걸림돌이고 핑곗거리가 될 수 있다. 그러나 황수관 박사처럼 꿈을 키우고 그것을 이루는데 또 다른 방법을 찾게 해주는 디딤돌이자 성공해야 할 이유가 될 수도 있다.

꿈 앞에 어떠한 핑계도 대어서는 안 된다. 당신이 꿈 앞에 핑계를 가져다 대기 시작하면 그 꿈은 계속 뒤로 미뤄지게 되고 결국은 그것을 이룰 수 없게 된다. 더는 핑계 때문에 꿈을 미뤄서는 안 된다는 말이다.

꿈을 꾸고 그것을 이루며 살기를 바라는 여러분은 더 이상 실패자들의 전유물인 핑계에 얽매이지 말고 그것을 과감히 던져버려야 한다. 대신 성공한 사람들만의 비법을 찾는 일부터 시작해 보자.

7

절실함으로 꿈을 이뤄라

캐나다 출신의 가난뱅이 짐 캐리는 영화배우가 되려는 큰 꿈을 품고 미국 L. A로 갔다. 그의 아버지는 그가 어렸을 때 돌아가셨고 어머니는 병환으로 누워계신 터라 집안 형편이 좋지 못했다. 가난했던 그는 집도 구하지 못한 채 하루 한 개의 햄버거로 허기진 배를 채우고 빌딩 화장실에서 씻는 것을 해결하며 50달러짜리 낡은 중고차에서 잠을 청하는 생활을 해야만 했다.

그러던 어느 날 짐 캐리는 자신의 모습을 들여다보며 생각했다.

"지금 이대로 하루하루를 보내는 건 너무 무의미해. 내 삶은 말 그대로 살아만 있을 뿐이잖아."

짐 캐리는 살아만 있을 뿐, 아무것도 하지 않고 있는 자신의 삶에 무

결국, 진정으로 바라는

꿈에 대한 절실함이 없으므로

자신이 정말 원하고, 하고 싶은 것을 놓치며 사는 것이다.

의미함을 느끼고 자신의 미래에 대해 다시 생각해 보기 시작했다.

그가 28살이었던 1990년 어느 날, 그는 차를 몰고 도시를 한눈에 내려다볼 수 있는 할리우드에서 가장 높은 언덕으로 올라갔다. 그리고는 하염없이 도시를 바라보다가 수표책을 꺼내어 자신에게 천만 달러를 지급한다는 서명을 했다.

지급일자는 5년 뒤인 1995년의 추수감사절이라 적고 5년 동안 수표를 항상 지니고 다녔다. 그리고 마침내 1995년이 되었을 때, 그는 〈덤 앤 더머〉라는 영화의 출연료로 7백만 달러를 받았고, 그 해 연말에는 〈배트맨〉의 출연료로 천만 달러를 받았다.

5년 전, 자신에게 했던 자신의 꿈을 이룬 짐 캐리는 "아무도 따를 수 없는 당신의 코미디 연기의 힘은 무엇이라고 생각합니까?"라는 인터뷰 질문에 이처럼 대답했다.

"Desperation(절실함)"

"나의 어머니는 아팠고, 나는 그녀를 기쁘게 해주고 싶었습니다. 그래서 그녀 앞에서 사마귀 흉내를 내거나 이상한 짓들은 하곤 했지요.

때로는 벽에 부딪히거나 계단을 구르는 행위들도요….

사람들이 뭔가를 하려면 동기가 필요합니다.

저는 절실함 없이는 무언가를 할 수 있다고 생각하지 않습니다.

절실함은 뭔가를 배우거나 창조하기 위한 필수재료이기 때문입니다."

여러분에게는 지금 어떠한 절실함이 있는가?

큰 병을 앓고 있는 사람이라면 살아야겠다는 절실함. 끼니를 걱정할 만큼 가난한 사람이라면 돈에 대한 절실함. 또한, 직업이 없는 사람이라면 취업에 대한 절실함이 있고, 시험을 준비 중인 사람들은 합격에 대한 절실함 있다. 그리고 지금 여러분이 하는 밥벌이는 가정의 생계를 위해, 자녀의 양육을 위해, 미래의 안정을 위해 안 하면 안 되는 절실함으로 하고 있을 것이다.

그러나 밥벌이를 하는 지금의 현실 속에서 여러분이 하게 되는 다음과 생각은 어쩔 수 없다.

"지겨운 직장 생활 빨리 때려치우던가 해야지."

"이 회사 아니면 내가 갈 때 없을까 봐?"

"싫은 소리 도대체 언제까지 들으며 일해야 하는 건지…."

"언제까지 이 생활을 계속해야 하는 걸까?"

상사 혹은 동료와 마찰이 생길 때면 하루에도 수십 번씩 '울컥' 하는 마음이 올라오면서도 정작 눈앞에 있는 현실 때문에 어쩔 수 없이 그 마음을 삭이는 것은 바로 그 자리에 대한 절실함 때문이다.

'먹고 살아야 하는 절실함.'

'가정의 수입을 책임져야 하는 경제활동자로서의 절실함.'

'남들 눈을 의식해야 하는 현실 사회 속에서 실업자가 되면 안 된다는

절실함.'

이런 절실함은 많은 사람들은 이른 새벽 단잠으로부터 스스로 일어나게 한다. 아침밥을 거르는 것은 당연한 일이 되었고, 1~2시간 정도의 출퇴근길 교통지옥 코스는 이제 무덤덤해졌을 만큼 적응이 되었다. 매일 다람쥐 쳇바퀴 돌 듯 같은 생활을 반복하며 재미없는 삶을 살면서도 그것을 마다치 않고 꼬박꼬박 하며 사는 이유이다.

아마도 그런 절실함으로 여러분 스스로 자신의 꿈을 키워왔다면 지금쯤 그 꿈을 이루는 단계에 있거나 이미 이루었을지도 모른다. 그러나 많은 사람은 아직도 현실 속 절실함만 인식한 채 살아가고 있다. 하루하루 그것만 해결하는 데 급급해 자신의 꿈에 대한 절실함은 전혀 들여다보지 않은 채 말이다.

게이트의 저서 『깨달음의 연금술』에 나오는 말이다.

"절실히 원하는 것은 이루어지게 되어 있습니다. 여러분의 마음 안에 영순위는 반드시 이루어집니다. 아직도 못 이뤄진 것은, 영순위가 안 되었기 때문입니다."

지금 여러분에게 영순위는 무엇인가?

꿈보다는 현실, 즉 꿈벌이 보다는 밥벌이가 우선순위에 올라있지 않은가? 지금 이 시각에도 꿈터가 아닌 일터에서 전쟁 같은 하루를 보내고 있지는 않은가?

사람들은 자신이 정말 행복해 지기보다는 타인에게 행복해 보이려 더 많은 애를 쓰며 산다. 그 때문에 자신의 자리를 지키려, 혹은 더 나은 자리에 오르기 위해서 부단히도 노력한다. 결국, 진정으로 바라는 꿈에 대한 절실함이 없으므로 자신이 정말 원하고, 하고 싶은 것을 놓치며 사는 것이다.

아직도 많은 사람은 꿈을 꾸는 일은 이상세계의 것으로 생각하며 꿈꾸는 일 자체를 사치라 여긴다. 이 때문에 현실 속 문제가 안정되길 바라고 정신적, 물질적 여유가 생기길 바라며 기약 없는 나중으로 미루고 마는 것이다.

그러나 아쉽게도 안정이나 여유는 쉽게 찾아오지 않는다. 게 중에는 죽을 때까지 힘든 사람도 있다. 결국, 그런 사람들은 세상에 태어나 한 번도 자신의 꿈을 펼치기는커녕 꿈조차 제대로 꾸지 못한 채 세상과 안녕해야 하는 불운을 겪게 되는 것이다.

꿈은 밥벌이가 가능할 때, 밥벌이를 하고 있을 때 준비하고 도전해야 한다. 돈 모아서 하겠다는 생각, 여유가 생기면 하겠다는 생각은 버려야 한다. 설령 돈이 모인다고 해도, 시간 여유가 생긴다고 해도 절실함이 없다면 당신은 그때가 되어도 또 다른 일들로 자신의 꿈을 미루게 될 것이다.

CHAPTER 2

생각을
바꾸면
미래가
달라진다

상상만으로도 가슴 설레고

즐거워진다.

눈의 시력을 잃는 것보다

불행한 것은 꿈이 없는 것이다.

1

정말 가엾은 사람은 꿈이 없는 사람이다

"당신의 꿈은 무엇입니까?"

사람들에게 이와 같은 질문을 하면 안타깝게도 많은 사람은 선뜻 대답하지 못하고 망설인다. 그들 중에는 자신의 꿈을 타인에게 말하기에는 아직 자신감이 없거나 부끄러워서 감추는 경우도 있고, 꿈이라는 것 자체가 없어서 말을 얼버무리는 사람도 있다. 한편 자신의 꿈을 자신 있게 이야기하며 미래에 대한 자신의 포부를 명확하게 밝히는 사람도 종종 있다.

꿈이 있는 삶을 사는 사람들에게는 그렇지 않은 사람들에게서 찾을 수 없는 그 무언가의 에너지가 있다. 그래서 그들과 함께하면 나도 모르게 그들의 에너지를 흡수하게 되고, 나도 움직여야 할 것 같은 동기부여를 받으며 머물러 있는 삶을 되돌아보게 된다. 더불어 그로 인해 나를 깨우고, 세상을 바라보는 시각을 조금이나마 긍정적이고 역동적으로 바꾸게 된다. 그러나 꿈이 없는 사람은 매사가 수동적이고, 부정적이다. 그렇기에 삶 자체가 재미없고, 따분하며 하루하루가 지겹고 지루하다고 호소한다.

이러한 것을 바탕으로 크게 꿈이 없는 사람과 꿈이 있는 사람의 특징을 요약해보면 다음과 같다.

◆ 꿈이 없는 사람
- 하루하루가 힘들고 인생이 지루하다.
- 희망이 없다. 당연히 미래도 없다.
- 매사에 부정적이다.
- 한숨뿐인 삶을 산다.
- 주변 사람들에게 부정적인 영향을 미친다.
- 시간에 지배당하고 산다.

◆ 꿈이 있는 사람
- 매일매일이 희망이고 행복이다.
- 인생이 즐겁다.
- 매사에 적극적이고 의욕적이다.
- 항상 긍정적인 사고를 한다.
- 힘든 현실을 극복하는 힘이 있다.
- 꿈 너머 또 다른 꿈을 설계한다.

– 시간을 지배하고 산다.

요즘 현대인들이 자신의 꿈을 갖고 이상적인 삶을 살기에 현실이 각박하고 정신적으로 여유롭지 못하다는 것은 누구나 아는 사실이다. 대학 입시부터 시작해 사회적으로 문제가 되는 졸업 후 취업난과 결혼 후 고민해야 하는 주택난, 자녀 양육 및 사교육비 문제, 또 그러한 문제에서 해방될 때쯤 이면 찾아오는 노후준비와 끊임없는 자식 걱정 등….

숨 돌릴 틈조차 없이 시기마다 찾아오는 여러 가지 문제와 걱정들 속에서 꿈을 꾸며 산다는 것은 어쩌면 꿈은 여유로운 사람만이 누릴 수 있는 특권, 또는 사치일 수 있다. 그러나 이제부터라도 그러한 생각은 멀리하고 미래의 삶은 꿈과 함께 성장하고 발전해야 함을 인식해야 한다. 꿈이 있다는 것은 뚜렷한 목표가 있다는 것이다. 뚜렷한 목표가 있다는 것은 가능성의 길로 가는 데 유익함을 준다.

알다시피 우리 주변에는 그러한 목적도 없이 사는 사람들이 뜻밖에 많다. 꿈이 없으니 어쩌면 당연한 일이다. 인생에 꿈이 없다는 것은 영혼 없이 육체만 살아있다는 것이다. 그러한 생활은 삶을 살아가는 데 결코 도움이 되지 못한다. 다시 말해 우리의 육체는 영혼이 이끄는 삶을 살아야 비로소 즐겁고 행복해 질 수 있다.

과거의 자신을 들여다보자. 한때 여러분은 분명 주체하지 못할 정도의 열정과 많은 꿈을 가지고 있었다. 남들 보기에 좋아 보이는 것부터 시작해서, 정말 자신이 이루고 싶었던 꿈도 있었고, 다소 허무맹랑한 꿈이지만 상상만으로도 가슴 설레고 즐거워하던 꿈이 분명히 있었다.

그러나 지금의 여러분은 어떠한가? 주어진 삶을 살아가기에도 힘들고 벅찬 하루를 보내며 꿈조차 잊고 살지는 않는가.

힘들고 벅찬 하루를 살아야 하는 건 누구에게나 비슷하다. 그러나 아무런 꿈도 희망도 없이 사는 것 보다는 그 속에서 꿈을 갖고 목적 있는 삶을 산다면 같은 하루를 살더라도 삶에 엄청난 차이를 가져다준다. 앞에서 말한 꿈이 없는 사람과 꿈이 있는 사람의 차이가 말해주듯 전반적으로 의식 수준이 바뀌다 보니 종전과 다른 삶을 살게 되는 것이다.

단지 꿈이 있고 없고의 차이인데, 그 결과는 삶에 이렇듯 커다란 변화를 가져다준다.

현재의 삶에 지치고 힘이 드는가? 그렇다면 지금 당신에게는 꿈이 없다는 것이다. 꿈이 없으니 희망도 없고, 희망이 없으니 미래가 보이지 않는다. 희망도 미래도 없으니 당연히 고되고 힘든 삶일 수밖에 없다. 스스로 생각해도 불쌍한 인생이라 여겨질 것이다. 그러나 안타깝게도 본인이 자처한 삶임은 미처 인식하지 못한다.

분명한 건 누구도 성인이 된 당신에게 꿈을 잊어라, 꿈을 버리라 강요하거나 협박한 사람은 단 한 사람도 없다는 사실이다. 엄밀히 보자면 본인이 귀찮고 게을러서, 또는 힘든 게 싫어서 현실을 핑계로 자기 합리화를 하며 포기하고 자처한 삶이다. 때문에 누군가를 탓하고 원망한다는 것은 어리석은 일이다. 현명한 사람이라면 누군가를 탓하고 원망하는 대신 자신의 미래를 밝혀줄 비전을 찾기 위해 노력해야 한다.

그동안 꿈 없이 산 당신은 다른 사람의 꿈을 위해 산 것이나 마찬가지이다. 자신이 속해 있는 곳의 구성원으로서 주체인 학교, 가정, 직장의 발전과 비전을 위해 희생하고 애쓴 것이다. 물론 그 속에서 노력하고 희생한 만큼의 대가는 어떤 식으로든 보상을 받는다. 그러나 자신을 성장시키고자 한다면 뚜렷한 목표를 갖고 그 속에서 함께 발전해야 한다.

타인이 꾸는 꿈은 나의 꿈이 될 수 없다. 반대로 내가 가진 꿈은 어느 사람의 것도 아닌 오롯이 나만의 것이 된다. 즉 내가 꿈을 이루는 과정에서 느끼는 성취감, 기쁨과 행복은 온전히 나의 것이다. 이러한 것을 누리지 못하는 사람은 불쌍한 사람이다. 꿈만 있으면 느낄 수 있는 긍정에너지들을 전혀 누리지 못하기 때문이다. 결국, 꿈이 없는 사람은 가엾은 사람이 될 수밖에 없다.

흔히들 말한다. 팍팍한 현실 속에서 치열한 삶을 살아야만 하는 현대인들은 결코 행복하지도 행복할 수도 없다고.

그러나 묻고 싶다. 그들이 과연 조그마한 꿈이라도 가졌는지. 또한, 말하고 싶다. 그들의 삶을 깊이 들여다보면 환경이 문제가 아니라 꿈이 없는 삶을 살기에 불행한 것이라고.

다음의 명언을 다시 한 번 생각하며 이 시간 여러분의 꿈을 찾아보기 바란다.

"눈의 시력을 잃는 것보다 불행한 사람은 꿈이 없는 사람이다."

-헬렌켈러

2

지금 하는 생각이 당신의 미래다

"사람은 자신이 생각하는 모습대로 되는 것이다. 지금 자신의 모습은 자기 생각에서 비롯된 것이다. 내일 다른 위치에 있고자 한다면 자기 생각을 바꾸면 된다."

– 데이비드 리버먼

"인생은 자신이 생각하는 대로, 반드시 그대로 살아지게 된다."

지금 자신의 모습은 자신이 스스로 가졌던 생각의 결과라 말할 수 있다. 지금 자신의 모습에 만족스럽다면 당신은 지나온 시간 동안 자신의 꿈을 위해 열심히 노력한 사람이다. 그러나 그렇지 않다면 당신은 지난 시간 동안 어떠한 꿈도 꾸지 않은 사람이라 말하고 싶다.

꿈을 아예 꾸지 않았다는 말이 아니다. 내가 말하는 꿈을 꾸지 않았다는 것은 자신의 꿈을 위해 간절히 원하거나 그것에 절실해 보지 않았다는 뜻이다.

지금 자신의 모습을 살펴보라. 당신은 지금 자신의 모습에 만족하는가? 만족한다면 당신은 누구보다 꿈을 위해 간절히 원하고 열심히 살아온 사람이다. 반면 불만족스럽다면 자신의 지나온 세월을 되짚어 보기 바란다.

간절히, 절실히 원하는데 이루어지지 않는 것은 없다. 자신이 간절히 원하고 절실함을 느낀다면 짧게는 몇 개월에서 길게는 몇 십 년이 걸리더라도 반드시 이루어지게 되어 있다.

다시 한 번 생각해 보자. 당신이 정말로 간절히 절실히 원했는데 이루어지지 않은 게 있었는지.

한때 나에게는 다양한 종류의 꿈이 있었다. 그중에는 지금까지도 미련이 남아 있거나 '꼭 한번 해보고 싶다.' 혹은 '죽기 전에 꼭 이루고 싶다.' 하는 꿈들이 몇 가지 있다. 그중 직업과 관련된 몇 가지 꿈을 공개하자면 성우, 작가, 사진작가, 동기부여가, 여행작가 등이 그것이다.

어릴 적부터 지금까지 주변 사람들로부터 자주 듣는 소리가 있다.

"목소리가 참 좋네요, 혹시 그런 소리 자주 듣지 않나요?"

또 나의 글을 접하는 사람들은,

"글이 서정적이고 좋아요, 따스하고 감성적이에요"

평소 나의 목소리와 내가 쓴 글에 대한 평가였다.

이렇듯 목소리 좋다는 소리와 글쓰기에 소질이 있다는 소리를 끊임없이 들었던 나는 어느새 목소리와 관련된 성우와 글쓰기에 적합한 작가가 되는 것이 나의 꿈이 되어 있었다. 그렇게 주변 사람들의 칭찬이 동기가 되어 갖게 된 꿈도 있고, 평소 내가 꼭 해보고 싶었던 것들이 꿈이 된 것도 있다.

꿈을 꾸고 그것을 이룬다는 것은 그리 쉬운 일이 아니다. 막상 무엇부터 시작해야 할지 막막하고 과연 그것이 정말로 이루어질지도 막연하다. 그래도 나는 말하고 싶다.

"꿈을 갖고 꿈을 위한 하루를 살아라."

막연하게라도 꿈을 꾸고 그것을 간절히 원하면 반드시 이루어진다는 것을 나는 이미 경험했기 때문이다.

사실 예전의 나는 이렇다 하게 간절히 원했던 꿈이 없었다. 그저 평범한 사람들과 어울리며 평범한 생각을 하고 평범한 하루를 살며 꿈이라기보다는 보통 사람처럼 그저 평범한 삶을 살면 되지 하는 정도의 바람 정도만 있었다. 놀라웠던 건 예전에 내가 바랐던 모습 그대로의 삶을 어느 순간부터 내가 살고 있다는 것이었다.

나는 '나의 뇌가 그동안 깊은 잠을 자고 있었구나!' 하는 생각에 놀라지 않을 수가 없었다. 그리고 생각하는 힘이 정말로 대단함을 나 자신을 되돌아보며 실감할 수 있었다. 순간 원했던 만큼의 수준에서 머무르며, 안주하는 삶을 살고 있었던 나 자신을 들여다보면서 '이건 아닌데….'

하는 생각에 스스로 나의 뇌를 깨우기 시작했다.

얼마 전까지만 해도 나는 위에서 말한 나의 꿈들이 전부 막연하고 이루지 못할 무모한 꿈들이라 여겨왔다. 그러나 더 이상 예전과 같은 어리석은 행동을 똑같이 반복하고 싶지 않았다. 그래서 막연했지만, 작가라는 꿈에 도전했고, 책을 쓰는 작가가 되었다. 더불어 주변 사람들에게 꿈과 희망을 주는 동기부여가도 되었다.

이것은 내가 꿈을 갖고 꿈을 위한 하루를 살기 시작하면서 이루어낸 것들이다. 1년도 채 되지 않은, 불과 몇 개월 전부터 하기 시작한 생각이 지금의 나를 만들어 낸 것이다.

막연함은 꿈에 대한 간절함과 만나면 성공이라는 열매를 맺게 된다. 내가 만약 나의 꿈들이 모두 막연한 것이라, 혹은 이루어 질 수 없는 것이라 여기며 도전하지 않았더라면 그 어떠한 성공 열매도 얻지 못했다. 그러나 나는 막연하게라도 도전을 했고, 매일매일 간절함으로 꿈을 위한 하루를 살았다. 그리고 마침내 성공 열매도 맺었다. 막연했지만 간절함으로 꿈에 절실히 매달리면서 길이 보이기 시작했고 덕분에 달콤한 성공 열매도 얻은 것이다.

모든 사람은 성공하는 삶을 살기 원한다. 그러나 정작 자신의 성공을 위해서는 어떠한 노력도 하지 않는다. 그런 사람들은 평생을 살아도 성공하지 못한다. 삶을 바꾸어 보고자 어떠한 노력조차 하지 않기 때문이다.

성공하고 싶다면 기본적으로 매일 당신이 하는 생각부터 바꾸어 보자. 생각 없이 하루를 산 사람이라면 당신의 꿈과 성공을 위해 생각을 시작하고, 부정적인 생각들로 머릿속을 가득 메웠던 사람이라면 그것을 긍정의 것들로 바꾸면 된다.

또 작은 바람을 큰바람으로 바꾸어 사고를 확장하고 확신에 찬 미래의 모습을 강력한 상상력으로 끌어당기면 된다. 그리고 그러한 생각들을 쉼 없이 계속 하면 된다. 이렇게 긍정적이고 진취적이며 희망차게 산 당신은 머지않은 미래에 반드시 그것을 이루며 사는 자신의 모습을 보게 될 것이다.

"진심으로 원하는 것이 있다면 그것을 끊임없이 상상하라. 아무리 힘든 일이 생겨도 포기하지 마라. 꿈을 이룬 미래의 모습을 떠올리며 미래에는 반드시 이루어질 거라 믿어라. 그리고 기억하라. 과거의 생각이 지금의 당신을 만든 것처럼, 현재의 생각을 바꾸면 얼마든지 당신의 미래도 원하는 대로 바뀔 수 있다는 사실을."

3

평범한 인생을 빛내줄 드림리스트

미국의 이름난 탐험가 존 고나드는 카약 하나로 세계에서 가장 긴 나일강 탐험을 역사상 처음으로 해낸 사람으로 유명하다.

탐험가이자 인류학자, 다큐멘터리 제작자인 존 고나드는 15살 소년 시절에 아버지의 친구로부터 이런 말을 듣는다.

"애야. 아저씨는 네 나이였을 때 하고 싶었던 것이 참 많았는데 그것들을 하지 못하고 산 것을 가장 많이 후회한단다."

그 이야기를 듣는 순간 소년은 다짐한다.

"나는 커서 하고 싶은 것들이 참 많았는데….' 라고 후회는 하지 않을 거야."

소년은 즉시 연필과 노트를 꺼내 '나의 꿈의 목록' 이라고 쓰고 자신이 평생에 하고 싶은 일, 가고 싶은 곳, 배우고 싶은 것을 하나씩 기록해 나간다.

그는 조금만 노력하면 할 수 있는 것들과 불가능해 보이는 것들까지도 모두 기록했다. 그렇게 15살 소년이 작성한 목록은 무려 127가지나 되었다. 소년은 작성된 꿈의 목록을 항상 가지고 다녔다. 그리고 시간 날 때마다 그 목록을 들여다보며 그 꿈을 이루는 모습을 상상했다. 결국, 그는 40여 년간 그 꿈을 모두 이루어 낸다.

그 후로도 꿈의 목록에 자신의 꿈을 채워 넣으며 하나씩 이루어 나가고 있는 그는 도전에 대해 이런 말을 했다.

"나는 틀에 박힌 생활을 하고 싶지 않았으며, 끊임없이 나의 한계에 도전하고 싶었다. 독수리처럼."

"이런 경험들을 통해 나는 행동하는 인간의 보람과 삶의 가치를 느낀다. 사람들은 흔히 위대한 용기와 힘과 인내를 발휘한다는 것이 무엇인지도 모른 채 생을 마감하기도 한다. 그러나 죽음이라는 극한 상황에서는 자신의 내부에 감춰진 엄청난 힘을 깨닫게 된다."

"지금까지 살아온 당신의 인생을 돌아보라. 그리고 '만일 내가 1년을 더 산다면 무엇을 할 것인가'에 대해 생각해 보라. 우리는 모두 마음속에 각자가 하고 싶은 일들이 있다. 미루지 말고 지금 당장 해보라."

지금 당신은 어떤 꿈을 꾸고 있는가. 혹시 당신이 꾸는 꿈은 머릿속에서만 맴돌다 어느 순간 사라져 버리는 그런 꿈은 아닌가? 그렇다면 지금

펜과 노트를 꺼내어 당신의 꿈을 하나씩 적어 증거로 남기고 그것을 시각화하기 바란다.

존 고나드가 머릿속으로 자신의 꿈에 대한 것들만 생각하고 그것을 적어두지 않았더라면 그는 그가 바라는 꿈들 모두를 이루지는 못했을 것이다. 하나씩 적어 두고, 이룬 것들은 또 하나씩 지워 나가는 과정을 반복하면서, 뇌에 자극을 주고 자극받은 뇌는 또 다른 꿈을 이룰 수 있도록 몸 세포 구석구석에 신호를 전달함으로써 이루어낸 결과이다.

『종이 위의 기적, 쓰면 이루어진다』의 저자 헨리에트 앤 클라우저는 "꿈을 적는 행위는 우주에 신호를 보내는 것과 같은 일종의 의식이다."라는 말을 했다.

여러분은 지금 우주에 어떠한 신호를 보내는 중인가. 우주에는 우리가 알지 못하는 지식저장소가 있다고 한다. 그리고 인간은 지구에 올 때 이미 우주에 무한한 가능성을 두고 왔기에 그것을 자신이 끌어다 쓰기만 하면 된다고 말한다. 그것을 얼마나 끌어다 쓰느냐의 능력에 따라 성공자가 될 수도 있고, 그저 그런 사람으로 남을 수도 있다는 것이다.

그런 행위의 가장 기본은 바로 문서로 나타내고 상상하는 것이다.

헨리에트 앤 클라우저는 그의 저서를 통해 무언가를 적는 행위는 "형식적인 문장을 사용해 스스로와 세상을 향해 신호등의 초록 불처럼 앞으로 나아가라는 메시지를 전달하는 행위이다."라고 말했다.

목표를 적어두면 우리의 뇌는 목표와 관련된 것들에 민감하게 반응하기 시작한다. 자신이 적어둔 것이 뇌에 저장됨으로써 일상생활 속에서 일어나는 모든 일이 저장된 꿈과 연결되어 반응하는 것이다.

예를 들어 꿈의 목록에 "BMW 7시리즈의 자동차를 가진다."라는 것이 있다고 하자. 당신은 그 순간부터 주차장에 세워둔 차 중에 BMW만 유독 눈에 들어올 것이고, 도로 위에 차들 또한 BMW만 눈에 띌 것이다. BMW 자동차 판매장을 쉽게 지나치지 못할 것이며, 운전 중에 보이는 BMW 자동차 판매장도 무의식적으로 다시 한 번 쳐다보게 될 것이다.

또한, 주변에서 BMW에 대해 이야기하면 귀가 솔깃해지고 TV, 잡지, 신문광고 등 예전에는 무의식적으로 넘겨버렸던 광고들도 굳이 내가 의식하지 않았음에도 불구하고 귀에 들리고, 손이 가고, 눈에 보이기 시작한다. 꿈이 없었을 때에는 눈에 보이지도 들리지도 관심조차 없던 물건이었는데 말이다.

이렇듯 자신의 꿈을 노트에 적는다는 것은 엄청난 의미가 있다. 자기의 꿈을 써 봄으로써 자신의 꿈을 뇌에 저장시키고, 그렇게 저장된 꿈은 자신의 꿈을 이루기 위해 가동준비를 하고 출발 선상에 선다는 뜻이므로 우리는 꿈을 적어 우주에 보내는 의식행위를 절대 가볍게 생각하고 그냥 넘겨서는 안 된다.

아쉽지만 우리 주변에는 자신만의 드림리스트를 가지고 있는 사람을 찾기가 그리 쉽지 않다. 꿈도 꾸지 않을뿐더러 꿈조차 없이 사는 사람들이 수두룩한 요즘 현대인들에게 드림리스트란 어쩌면 존재하지 않는 게 당연한 일인지도 모른다. 그러나 최소한 이 책을 읽고 있는 여러분만이라도 미래의 꿈이 무엇인지를 차근차근 생각해 보고 그것을 꼭 노트에 작성해 보기 바란다.

막상 드림리스트를 작성하려면 많이 망설여질 것이다.

"과연 내가 이것을 할 수 있을까?"

"너무 허황한 바람은 아닐까?"

"남들이 비웃지는 않을까?"

언제까지 이러한 걱정과 망설임으로 남의 꿈만 좇으며 살 수는 없다.

"남이 꾸는 꿈은 나의 꿈이 아니다. 내가 꾸어야 비로소 나의 꿈이 된다."

그러므로 더 이상 남이 꾸는 꿈에 영혼 없이 따라다니며 보조자로 사는 삶만 살아서는 안 된다. 비현실적이든 불가능해 보이는 것이든 내가 원하는 나의 꿈을 꾸어야 한다.

할 수 있는 것, 현실적인 것, 남들이 인정하는 것을 바라는 것은 꿈이 아니다. 할 수 있는 것들을 한 것이기 때문에 성취감 정도만 느낄 수 있을 뿐이다.

하지만 어려운 것, 허황한 거로 생각했던 것, 비웃음거리가 될 거로 생각하며 불가능할 거로 생각했던 것들을 해낸다면 어떠할까. 자신의 꿈의 가치는 더 크게 상승할 것이다.

그렇기에 당신의 드림리스트에는 할 수 있는 것, 현실 가능한 것들이 아닌 불가능해 보이는 것이나, 비현실적처럼 보이더라도 진정 자신이 원하고, 해보고 싶고, 가보고 싶은 것 등을 과감하게 적어내라 말하고 싶다. 그렇게 적어놓은 꿈들은 우주에 전달될 것이며, 우주의 기운을 당겨와 조금씩 드림리스트에 있는 꿈들을 이루어 나가는 순간부터 평범했던 당신은 빛이 나기 시작할 것이다.

4
비전이 이끄는 삶을 살아라

사   직   서

소속 : 서울지방 경찰청 인사 교육과

계급 : 경사

성명 : 이승용

위 본인은 '새로운 꿈에 도전하기 위해' 2013. 10. 10에 퇴직하고자 하오니 재가하여 주시기 바랍니다.

2013. 10. 01.

이승용

위의 사직서는 새로운 꿈에 도전장을 내민 대한민국 서울지방 경찰청 소속 이승용 경사의 사직서 내용이다. 얼마 전 그는 비전이 이끄는 삶을 살기 위해 이와 같은 내용의 사직서를 소속 경찰청에 제출했다.

이승용 경사는 10년간 경찰생활을 하며 누구보다 열정적으로 경찰로서의 본분을 다했다. 그의 활약은 TV 주요 뉴스를 통해 세상에 전파되었고, 남들보다 빠른 특진, 국무총리 경호 등 명예로운 길에 선두자 역할을 하며 누가 봐도 안정적이고 영예로운 경찰 공무원으로서 자리매김하고 있었다. 그런 그가 어느 날 주변을 놀라게 할 만큼 어마어마한 사고를 친다. 바로 사람들이 부러워하는 공무원이라는 안정된 직장과 평생이 보장된 자리를 스스로 내려놓은 것이다.

그렇다면 그가 사직서에 기재한 '새로운 꿈에 도전하기 위해서' 라는 게 도대체 어떤 것이기에 젊은 나이에 그것도 누가 보아도 안정적이고 노후가 보장되는 대한민국 경찰 공무원이라는 자리를 과감하게 내려놓을 수 있었을까. 모든 사람이 부러워하는 그 자리를 스스로 내려놓을 정도로 이승용 경사의 가슴을 설레게 했던 그의 비전을 한 번 들여다보자.

그는 사직서를 제출하기 두 달 전 인터넷 카페를 통해 사람들에게 그의 비전을 공개한 바가 있다. 그의 비전 중 몇 가지를 소개해 본다.

- 1년에 3권씩 책을 펴내는 작가이자 동기부여 강연가가 된다.
- 전국 경찰고시 학원 및 경찰 행정학과에 1순위로 섭외하고 싶은 강연가가 된다.
- 각 기업 및 청년들을 대상으로 매년 100회 이상 강연을 하게 된다.

- '경찰 열정 코칭아카데미'를 설립하여 경찰이 꿈과 열정이 넘치는
  조직이 되는데 크게 이바지를 한다.
- 전국 중고등학교를 대상으로 청소년 '드림헬퍼' 강연을 한다.
- 대한민국 대표 성공 부부가 되어 백악관에 초대받는다. 그 후 오프
  라 윈프리 쇼에 출연, 대한민국의 위상을 세계에 드높인다. 이를 통
  해 세계를 다니며 강연하고, 세계의 청춘들에 동기부여 하는 최고
  의 강연가가 된다.

그는 말한다. 경찰직은 그만두었지만 대한민국 경찰을 위한 일은 계
속되어 질 것이라고. 그만큼 경찰에 대한 그의 사랑이 여전함은 그의 비
전을 통해서도 알 수 있다. 하지만 이승용 경사는 자신의 자리에 안주하
지 않고, 비전이 이끄는 삶을 살기 위해 인생에 커다란 결단을 내렸다.
만약 여러분이 이승용 경사라면 과연 그렇게 할 수 있었겠는가. 쉽게 생
각하는 사람들은 말할 것이다.

"아직 젊어서 세상 돌아가는 것을 몰라서 그래."
"미쳤군, 미쳤어. 미쳐도 아주 제대로 미쳤어."
"남들은 갖고 싶어도 갖지 못하는 평생직장을 그만두다니…."
"어렵게 들어간 자리를 왜 그만둬? 분명 시간이 지나면 후회하게 될
거야!"

그러나 이런 사람들의 말은 더 이상 그에게 어떠한 걸림돌도 되지 않

는다. 부정의 기운을 차단하는 방법까지 이미 터득해 놓았기 때문이다. 성공하려면 성공자의 마인드를 가진 사람들과 어울려야 함은 당연한 일이다. 이승용 경사가 인터넷 카페를 통해 올린 그의 비전을 본 사람들은 하나같이 모두 그의 꿈을 응원하고 용기 있는 그의 결단력에 박수를 보낸다. 나 또한 그의 비전을 응원하고 격려해 주었다. 그리고 믿는다. 비전이 이끄는 삶에 과감히 도전장을 내밀고 그 길을 걷기 시작한 그는 반드시 그 꿈을 이루어 성공자의 대열에 오르게 될 것이라고.

앞장에서 나는 이미 드림리스트에 대해 언급한 바가 있다. 드림리스트를 적어놓음으로써 자신의 꿈과 연관된 모든 것들을 끌어오게 되고 결국은 그 꿈에 맞는 인생을 살게 되리라는 것까지.

이승용 경사는 자신의 꿈을 적었다. 그리고 그것을 많은 사람에게 공개했다. 자기 혼자만이 간직하고 있는 드림리스트 보다 여러 사람에게 공개함으로써 더 많은 영향력이 있게 된 것이다. 그 때문인지 그는 현재 누구보다 앞서 비전이 이끄는 삶을 살며 작가로서 동기부여가로서 1인 기업가로서 최고의 삶을 살고 있다. 그런 지인이 내 주변에 있다는 것이 얼마나 큰 행운이고 행복인지 모른다. 그런 사람들을 보면서 나 또한 자극을 받고 끊임없이 움직여야 하는 동기부여가 되어주기 때문이다.

여러분은 지금 무엇을 위해 달리고 있는지, 어디를 향해 달리고 있는지 생각해 보아야 한다. 과연 지금까지 여러분은 무엇을 위해 살아왔고, 앞으로 무엇을 위해 살 것인지 까지도. 쉽지는 않겠지만, 이 시점에서 한 번쯤은 되짚어보고 미래를 위해 어떠한 삶을 살아야 하는지도 생각해 보자. 더불어 인생의 전반을 돌이켜 보며 앞으로의 삶을 다시 한 번 계획해

보는 시간을 가져야 한다. 그것마저도 귀찮고 성가시다며 나중으로 미뤄 둔다면 여러분은 '나'란 주체는 없이 앞으로도 '다른 누군가의 꿈'이 주체가 되어 그들을 위해 달리고 그들의 꿈을 위한 삶을 살게 될 것이다.

지금 바로 펜을 들어 드림리스트를 만들어 보자. 드림리스트가 만들어지는 순간부터 당신은 꿈이 시키는 일을 하게 될 것이다. 꿈 앞에 더 이상 주저하지 마라. 망설이는 삶, 주저하는 삶은 당신에게 그 어떠한 결과도 가져다주지 않는다. 단지 뒤늦은 후회만 가져다줄 뿐이다. 자신의 비전에 대한 확신을 갖고 때로는 과감한 결단력을 동반해서라도 여러분은 반드시 비전이 이끄는 삶을 살아야 할 필요성이 있다.

5
내 삶의 리더는 '나자신' 이다

　맞벌이를 하는 나에게는 초등학생 6학년과 4학년인 두 자녀가 있다. 우리나라 맞벌이 자녀들의 현실이 대부분 그러하듯 우리 아이들도 부모의 퇴근 시간에 맞춰 하루 일과가 정해져 있다. 학교 수업을 마치고 나면 부모가 퇴근하여 돌아오는 시간까지 여러 곳의 학원을 전전하는 것이다.

　그런데 비단 맞벌이 부부의 자녀들뿐만 아니라 요즘은 대부분 아이들이 방과 후 다양한 종류의 학원 공부를 하느라 어른들보다도 더 바쁜 일과를 보낸다. 아직 초등학생인데도 불구하고 공부 때문에 고생하는 아이들을 보면 안타깝기가 이루 말할 수 없을 정도다.

　우리가 초등학생이었을 때에는 학교 다녀오면 노는 게 일이었다. 그러나 요즘 아이들은 학원 다니는 게 일이 되어 버렸다. 노느라 학교 숙제도 안 해가서 수업시간에 꾸중 듣던 일도 다반사였던 것에 반해 요즘 아이들은 학교 숙제보다 학원숙제가 더 많아 스트레스가 이만저만이 아니다.

그런 사회 분위기 속에서 내 자식만 안 가르치고 놀고 싶은 대로 맘껏 놀게 한다는 것은 간이 큰 부모 아니면 쉽게 할 수 없는 일이다. 그러다 보니 애꿎은 아이들만 어릴 적 부모들도 안 한 공부를 하느라 심각한 스트레스에 시달리게 되는 것이다.

초등학생인 우리 집 두 녀석은 시험기간이 되면 공부에 대한 스트레스가 이만저만이 아니다. 학원마다 시험 대비 과제를 내 주기 때문이다. 방과 후 학원 다녀와 학교숙제도 하기 힘들어하는 아이들에게 학원숙제까지는 아무리 봐도 무리이다. 그나마 6학년인 큰딸은 스스로 알아서 잘 해내지만, 공부하기 싫어하는 4학년 아들 녀석은 매번 시험 때마다 힘들어하는 모습이 역력하다.

어느 날 공부방에서 시험대비 문제집 풀기를 과제로 받아온 아들 녀석이 자정이 넘도록 문제집을 붙들고 끙끙대며 힘들어하기에 내가 말했다.

"현태야, 네 기준에서 네가 생각하는 시험점수의 최선은 몇 점이라고 생각해?"

"음…, 잘하면 80점 이상이고요, 못해도 평균 70점은 받아야 한다고 생각해요."

"그러면 현태야, 네가 지금 이 문제집을 끝까지 다 풀지 않아도 70점 이상은 받을 수 있다고 생각하면 그만하고 어서 자."

"70점 이상 받을 자신은 있지만, 숙제 안 해가면 공부방 선생님께 혼나요. 그리고 70점 받으면 아이들이 공부 못한다고 놀려요."

"현태야, 친구들이 생각해 놓은 기준에 네가 이끌려 갈 필요는 없어! 네가 수학을 잘하고 좋아하지만 국어는 어려워하듯, 다른 친구는 국어를 좋아하고 수학을 싫어하는 친구도 있겠지. 이렇듯 사람마다 각자 가진 재능과 능력은 다르단다. 넌 운동에 재능이 있고 창의적인 일에 남들보다 뛰어난 능력이 있으니 그것에 더욱 집중하면 돼. 물론 학교 공부를 소홀히 하면 안 되겠지만, 시험 점수 때문에 너무 스트레스를 받지는 않는 게 좋을 듯싶구나!"

"시험점수는 네 꿈을 이루는데 절대 기준이 되지 않아."

"다만 너는 네가 정해 놓은 점수에 최선을 다하면 돼. 단, 네가 품은 꿈은 항상 크게 꾸고 크게 생각해야 하는 것만 잊지 않았으면 좋겠다."

이 시대의 부모들은 '남들이 다 하는 거니까 너도 꼭 해야만 돼!' 라는 생각 속에 자신의 아이들을 본의 아니게 혹사하고, 자기 생각을 강요하며 아이들에게 이끌리는 삶을 살게 한다.

정작 자기의 삶은 주관하지 못하면서 자식의 삶은 온갖 충고와 조언 혹은 압력과 강요로 자기 생각대로 이끌고자 애를 쓰는 것이다. 그러나 나는 될 수 있으면 자기의 삶은 자신이 이끄는 주도적인 삶을 살도록 유도하는 방향을 택한다. 나 자신이 내 삶을 리드하면서 느낀 바가 있기 때문이다.

지금 우리가 그러하듯 어려서부터 우리는 부모에게 꿈을 강요당하며 살았다고 해도 과언이 아니다.

"의사가 되어라."

"판사나 검사가 좋지 않겠니?"

"대한민국에서는 뭐니 뭐니 해도 공무원이 최고야!"

"교사도 해볼만 하지."

정작 부모님 자신들은 이루지 못한 것들을 당신 자식에게 강요하고, 그것을 강요받고 자란 우리는 그대로 내 자식들에게 꿈을 강요하며 산다.

내 의지와는 상관없이 강요받은 꿈을 위해 산 사람 중에는 부모님의 꿈을 이루는 데 성공한 사람도 있고 실패 한 사람도 있다.

사실 성공이라는 표현이 과연 옳은 표현인지는 모르겠다. 부모님이 주체가 되었을 때에는 분명 성공이지만, 자신이 주체가 되었을 때에는 부모님의 꼭두각시 정도밖에 되지 않았기 때문이다. 자신이 원하던 꿈이 아니었다면 그것은 부모님의 목적 달성에 이바지한 정도일 뿐이다. 자신의 꿈을 꾸고 자신의 꿈을 이루어야만 성공이라는 표현도 어색하지 않을 듯싶다.

실패의 경우도 마찬가지이다. 주체가 누가 되느냐에 따라서 실패가 될 수도 있고 아닐 수도 있다. 부모님께 강요받은 꿈을 이루지 못했다고 해서 그것이 실패될 수는 없다. 다만 아직도 자신의 꿈을 찾지 못하고 방황하고 있다면 그것은 생각을 좀 해 보아야 한다. 앞으로 실패자의 길을 걷게 될 확률이 높기 때문이다.

어려서는 부모님의 생각이 절대적이라 해도, 성인이 된 여러분은 자신의 삶을 책임져야 한다. 그러므로 자기의 삶을 리드하는 데 있어서 주

"나의 장애는 내가 훌륭한 일을 해낼 수 없다는 것을 의미하지않는다.

나는 나의 삶을 사랑한다.

나는 삶을 활기차고 열정적으로 살고 싶다."

체는 '나 자신'이 되어야 함이 당연하다. 그러나 우리는 성인이 되어서도 자신의 삶을 자신의 주관대로 이끌지 못하고 남들의 생각에 이끌려 다니는 사람들을 쉽게 볼 수 있다.

"정신 차려, 언제까지 꿈 타령만 하며 살 거야!"

"취직 걱정이나 해. 언제 실업자 면할 거야!"

"그 나이에 꿈은 무슨, 직장생활 하며 살기에도 빠듯한 사람이…."

자기 생각에 중심이 없는 사람은 이런 부정적 반응에 쉽게 포기하고, 그들의 생각에 금새 현혹되어 버린다. 자신의 삶을 주관해야 할 사람이 자신의 성공을 방해하는 사람들의 생각에 쉽게 무너지는 것이다.

"열심히 돈 모아서 결혼해야지, 새삼스레 꿈은 꿔서 뭐하겠어"

"그래, 취직도 못 하고 있는데 딴생각 하면 안 되지!"

"정신 차리자. 집에 먹여 살릴 처자식들 생각해서라도 내가 헛된 꿈을 꾸면 안 되지!"

"내가 이 나이에 하면 뭘 얼마나 하겠어. 하던 일이나 열심히 하며 살아야지!"

"고생하는 남편 놔두고, 내 생각만 해서는 안 되지!"

이러한 사람은 자신의 꿈에 대한 확신과 의지가 부족한 사람들이다. 또한 아직도 자기 생각을 주관하지 못하고 남들에게 이끌림을 당하면서도 그것을 인식조차 하지 못하고 있는 사람이다.

내 삶을 위한 꿈을 꾸는데 확신이 없으면 주변의 부정적인 말과 시선에 쉽게 동요되고 자신의 꿈을 주저 없이 포기해 버린다. 그러나 그들이 정말 당신을 위해서 염려하고 걱정해서 해준 조언이라고 생각하지는 마라.

경쟁사회를 살아가고 있는 그들과 당신은 서로 경쟁 관계 속에 놓여 있다. 남이 잘되는 것을 시기하고, 당신이 무언가를 하려 하면 혹여 자신이 뒤처지지 않을까 염려하여 저지하려는 생각부터 하는 게 경쟁자들의 생각이다. 우리는 그런 사람들의 시기와 질투의 말과 행동에 어리숙하게도 너무 쉽게 동요된다. 자신의 능력을 계발시키고 스스로 발전할 생각은 하지 않으며 남들의 발전만 저지하려는 게으른 사람들의 무리 속에 스스로 빠져드는 것이다.

자신에게 자신이 있거나 당신이 잘되기를 진심으로 바라는 사람들은 절대로 그런 부정적인 말들로 당신의 꿈을 방해하지 않는다. 오히려 응원해주고 격려해 주며 자신들 또한 당신에게 동기부여를 받아 자신을 발전시키는 데 집중하려 한다.

안타까운 사실이지만, 당신이 그들의 생각에 이끌림을 당하는 순간 그들은 속으로 쾌재를 부르고 있다는 것이다. 이제라도 그들의 속마음을 알았다면 여러분은 더는 끌려가는 삶이 아닌, 자기의 삶은 자신이 선택하고 주도적으로 리드하는 삶을 살아야 한다.

6
자신의 가능성을 믿어라

"쯧쯧, 저렇게 태어나서 앞으로 세상을 어떻게 살아간담."
"저 아이는 커서 분명 사람 구실도 제대로 못 하고 살게 될 거야!"

팔다리가 없이 태어나 어린 시절 수많은 고통과 시련을 겪어야만 했던 닉 부이치치.

그는 그가 가진 특이한 신체조건 때문에 늘 주변 사람들로부터 불편한 시선과 손가락질을 받아야만 했다. 어린 나이에 남들과 다른 신체를 갖고 태어났다는 사실도 받아들이기 힘든데 사람들로부터 받는 따가운 시선과 편견은 그를 더욱 힘들게 했다.

한때 닉은 자신을 바라보는 세상 사람들의 시선과 편견 때문에 방황의 시간도 있었다. 그러나 그는 스스로 용기와 희망을 주고 자신에 대한 믿음과 확신을 갖기 시작했다. 그렇게 매일매일 자신에 대한 믿음으로 자신감을 키우며 자신의 미래도 꿈꾸기 시작한다.

그 후 닉은 사람들이 불가능할 거라 생각하는 모든 것들을 해낸다. 일상생활은 물론이고 수영, 골프, 낚시, 윈드서핑, 축구 등의 스포츠를 즐기고 발로 글을 쓰고 컴퓨터 키보드를 두드리며 입으로는 그림도 그린다. 사람들의 편견을 깨고 자신도 가능하다는 것을 스스로 믿고 이루어낸 것이다.

닉은 자라면서 자신에 대한 큰 꿈을 계획했다. 자신이 시도하기에 불가능해 보이는 것들까지도 어김없이. 그런 닉을 보며 사람들은 말한다.

"당신은 이 일들을 할 수 없어요!"

그러나 닉의 대답은 늘 한결같다.

"아니요, 저는 할 수 있습니다."

팔다리가 없는 장애인에서 세상 사람들에게 꿈과 희망을 주는 행복전도사가 되기까지 자신에 대한 믿음이 없었다면 불가능한 일이었다.

자신이 갖지 못한 것에 대한 불평과 만족하지 못하는 환경과 조건들로 항상 생활에 불만으로 가득한 사람들이 새겨들을 만한 닉의 말이다.

"나의 장애는 내가 훌륭한 일을 해낼 수 없다는 것을 의미하지 않는다. 나는 나의 삶을 사랑한다. 나는 삶을 활기차고 열정적으로 살고 싶다."

닉을 통해 보았듯이 우리가 꿈을 이루며 사는 데에는 그 어떠한 핑계도 가져다 댈 수 없다. 그러한 삶은 자신을 도태의 길로 빠져들게 할 뿐이다.

　장애인을 보면 다른 시선으로 바라보고, 편견을 갖는 이유는 자신이 비장애인이라 생각하기 때문이다. 그러나 겉으로 보이는 장애만 바라보며 손가락질하는 여러분은 정작 눈에 보이지 않는 더 큰 장애를 가지고 있지는 않은지 생각해 보아야 한다. 바로 자신을 믿지 못하는 마음의 장애 말이다.

　여러분들이 그들을 보며 차가운 시선, 혹은 동정의 시선으로 바라보고만 있을 때 그들은 꿈을 꾸고 그것을 이루어 나가는 과정을 거치고 있다.

　틴틴 파이브의 멤버였던 개그맨 이동우를 기억할 것이다. 그는 몇 해 전 망막색소변성증이라는 1급 시각장애 판정을 받고 중도 장애인이 되었다. 그러나 그는 장애인이 된 후에도 자신의 꿈을 위해 꾸준히 노력하고 도전 중이다. 연극인으로서 사람들에게 꿈과 희망을 주는 동기부여강사로서, 라디오 DJ로서, 재즈 가수로서.

　자신의 장애를 극복하고 누구보다 열정적인 삶을 사는 그는 작년에 열린 '통영 트라이애슬론 철인 3종 경기 월드컵'에 참가해 완주에 성공했다. 알다시피 수영, 사이클, 마라톤 종목으로 이루어진 철인 3종 경기는 건강한 체력을 가진 사람도 쉽게 해내지 못하는 것이다. 그러나 앞을 보지 못하는 이동우는 도전했고 성공했다. 이동우는 완주를 성공으로 끝낸 후 자신의 소감을 이렇게 전했다.

　"저는 '인생에서 중요한 건 얼마나 빨리 가느냐가 아니라 어디를 향해 가느냐다.' 라는 누군가의 말을 경기 내내 마음속으로 곱씹으며 이번 대회를 완주했습니다."

"앞으로 계속 넘어지더라도 옳은 방향으로 가고 있다는 신념을 지니고 그 길을 계속 갈 것입니다."

여러분이 그들에게 "할 수 없어.", "그 몸으로 뭘 하겠어.", "당신이 어떻게⋯." 등의 불가능을 말할 때 그들은 도전했고 이루었다. 한편 그들이 자신의 가능성을 믿고 도전하고 있을 때 여러분은 무엇을 하고 있었는지 생각해 보라. 정작 누구보다 멀쩡하다 생각한 여러분은 아무것도 하지 않은 채 멈추어 있다는 사실을 알게 될 것이다.

인간은 무한한 능력을 갖추고 태어났다. 그러나 사람들은 자신의 능력을 믿지 못하고 항상 의심한다.

"내가 과연 그것을 해낼 수 있을까?"

"나 같은 사람이 어떻게⋯."

"난 자신 없어."

'할 수 없다.', '불가능하다.' 라고 생각하는 이상 당신은 할 수 없는 일, 불가능한 일만 생긴다. 그래서 아무것도 할 수 없다. 그러나 자신의 가능성을 믿으면 무엇이든 할 수 있고, 가능한 일이 되어 버린다.

여러분에게는 무한한 가능성과 잠재력이 있다. 자신의 비전을 세우고, 그 비전을 위해 도전하면 반드시 이룰 수 있다. 자신만 믿으면 모든 것이 가능한 일이다.

정작 자신은 꿈도 없이 살면서 타인에게 간섭이나 비판, 비아냥거림 등으로 상대를 불편하게 하고 부정의 말들로 상대의 꿈을 훼방 놓는 사람들이 종종 있다. 그러나 여러분은 그런 사람의 부정적인 말과 행동에 현혹되어 이끌려 다니지도 말고, 그런 사람은 더더군다나 되지 않아야 한다.

"더 이상 스스로 자신의 가능성을 의심하고 낮추며 내버려 두지 마라. 도전해 보지도 않고 불가능하다고 단정 짓거나 포기해 버리면 가능한 일도 영영 할 수 없게 된다. 해보지도 않고 기회를 놓쳐버리는 것이다. 현실적으로, 이상적으로 불가능한 일이란 없다. 자기 스스로에 대한 믿음만 확실하다면 말이다."

7
당신의 가슴을 뛰게 하는 것은 무엇인가

하루에도 수십 번씩 가슴 뛰는 상상을 하며 사는 요즘의 나는 하루하루가 무척이나 즐겁고 행복하다.

직장인인 나에게 가장 눈에 띄는 변화는 무엇보다 무거웠던 아침 출근길 발걸음이 한결 가벼워졌다는 것이다.

"오늘 하루를 또 어떻게 버티나!"

"이놈의 회사 빨리 때려치우든가 해야지."

"저 인간은 퇴사도 안 해."

"다른 회사를 알아봐야 하나?"

"아, 저 사람은 어쩜 저렇게 개념이 없을까."

"자리가 사람을 만든다는데, 저 사람은 자리가 사람을 버려놨어."

"저런 사람들과 함께하니 발전도 없고, 삶에 낙도 없지"

예전의 내가 출근길에 하는 생각이라고는 고작해야 '힘들다', '지겹다', '짜증 난다.' 등의 부정적인 생각들이 대부분이었다. 하루에도 몇 번씩 사직서를 들었다 놓기를 반복하며 도를 닦는 마음으로 하루를 보내기 일쑤였다. 그렇게 머릿속은 온통 원망과 미움, 증오 등의 부정적인 기운들로 채워지기 시작했고, 그러한 부정에너지들은 나의 하루를 무의미하게 만들어 놓았다.

그러나 목표를 세우고 목적이 있는 삶을 살기 시작한 후부터는 생각이 바뀌기 시작했다.

예전의 나는 내 생활의 모든 게 남 때문에 힘들고, 남 때문에 짜증 나고, 남 때문에 지겨웠다. 삶이 재미없고, 지루한 이유가 대부분 '남의 탓' 때문이었다. 그러나 지금의 나는 남의 탓은 될 수 있으면 멀리하고 대신 내가 중심이 되어 움직이고 있다.

나를 기다리는 나의 꿈들을 생각하며 직장 생활을 즐겁게 보내고, 미래의 발전된 나의 모습을 상상하면서 현재의 삶에 최선을 다하고 있다. 가슴 뛰는 삶을 살면서부터는 주변의 어떠한 사람들이 있건, 그들이 무슨 생각으로 살고 어떠한 행동을 하든 간에 신경 쓰지 않는다. 그런 무의미한 곳에 나의 에너지를 소모하는 게 이제는 아깝고 불필요한 낭비라는 것을 깨달았기 때문이다. 그랬더니 힘들고, 지겹고, 짜증 났던 일들이 조금씩 재미있고 해볼 만하고 기대되는 일들로 변하기 시작했다.

부정에너지들이 긍정에너지와 희석되어 조금씩 삶의 변화가 생기기 시작한 것이다.

　이제는 직장 내에서 일어나는 크고 작은 여러 가지 일들의 스트레스 또한 가슴 뛰는 삶을 사는 나에게는 약간의 불편함만 있을 뿐 내 삶에 어떠한 방해도 되지 않는다.

　가슴 뛰는 삶을 살기 전과 후의 나의 삶의 변화를 살펴보면 이러하다.

◆ **가슴 뛰는 삶을 살기 전**
- 모든 일이 짜증 나고 귀찮다.
- 싫은 일을 하다 보니 수동적이 된다.
- 부정적인 생각으로 하루가 간다.
- 하고자 하는 의욕이 없다.
- 매일 똑같은 일상의 반복이라 지겹고 재미없다.
- 오늘 하루도 지겨운 하루가 되겠지?
- 앞이 보이지 않는다.
- 자신을 위해 아무것도 하고자 하지 않는다.
- 자신감이 없고 자존감이 낮다.

◆ **가슴 뛰는 삶을 살기 시작한 후**
- 미래를 위한 밑거름이라 생각하며 능동적으로 임한다.
- 긍정적인 생각으로 하루가 즐겁다.
- 적극적 이어졌다.
- 매일 가슴 뛰는 상상을 하느라 가슴 벅차다.

- 오늘 하루도 너무나 기대된다.
- 미래의 모습이 그려진다.
- 꾸준한 자기계발을 한다.
- 의식 수준이 높아지고 가치관이 바뀌었다.

가슴 뛰는 삶을 사는 요즘, 나는 여러 가지 상상만으로도 하루하루가 기쁘고 설레인다. 그중 나의 즐거운 상상 몇 가지를 여러분께 소개한다.

- 라디오, TV, 영화관 등에서 나의 목소리가 나오는 상상.
- 〈세상을 바꾸는 시간 15분〉, 〈강연 100°C〉에 출연하는 상상.
- 세계를 여행하며 사진을 찍고 에세이를 써보는 상상.
- 베스트셀러 작가가 되어 저자 강연 및 싸인회를 하는 상상.
- 모교에서 저자 강연을 하는 상상.
- 1년에 두 권 이상 베테랑답게 책을 써내는 상상.
- 1인 기업가가 되어 멋지게 성공하는 상상.

이러한 상상은 하루에도 몇 번씩 나의 가슴을 뛰게 하고 상상 속에 빠져 입가에 미소를 절로 띄우게 한다. 예전에 가져보지 못했던 희열을 요즘 들어 제대로 느끼는 중이다.

이렇듯 가슴 설레는 삶을 사는 요즘의 나는 "내가 살아있구나!"하는 것을 제대로 실감하고 있다.

『가슴 뛰는 삶을 살아라』의 저자 다릴 앙카는 인간이 이 세상에 온 이유이자 목적은 바로 가슴 뛰는 삶을 살기 위해서라고 말한다. 저서에서 그는 인간이라면 결코 불가능한 일이 아니라는 것을 깨닫고 자신이 원하는 방향으로 다음과 같은 삶을 이끌어 나가라 조언한다.

"우주의 에너지는 언제나 당신을 향하고 있다. 그것을 어떤 식으로 쓰는가는 당신의 자유다. 진정으로 가슴 뛰는 일을 하고 있다면 모든 것이 당신에게 주어질 것이다."

"당신이 가슴 뛰는 삶을 살 때 우주는 그 일을 최대한 도와줄 것이다. 이것이 우주의 기본 법칙이다."

나는 나의 모든 상상력을 동원해 우주의 저장소에 보관 중인 나의 꿈을 최대한 끌어당기며 가슴 뛰는 삶을 사는 중이다. 즉 나의 심장을 하루에도 몇 번씩 펄떡펄떡 뛰게 하는 것은 바로 나의 '꿈' 들인 것이다.

그렇다면 지금 이 순간 당신의 가슴을 뛰게 하는 것은 무엇인가? 또 오늘 하루 당신의 가슴을 뛰게 했던 것은 무엇인가? 선뜻 대답하지 못한다면 당신은 가슴 뛰는 일을 하고 있지 않다는 증거이다. 비전이 있는 사람은 자신의 미래에 대해서 절대로 머뭇거리거나 주저하지 않는다. 그들은 바로 움직이고 행동한다. 또한, 항상 가능성의 끈을 놓지 않으며 끊임없이 도전한다. 이처럼 여러분 또한 가능성의 끈을 스스로 놓아버리는 일은 하지 않아야 한다. 여러분이 바라보는 누군가가 여러분의 꿈이라면 여러분 또한, 다른 누군가의 꿈이 되고 가능성이 될 수 있다.

당신의 가슴 뛰는 그 무엇은 매일 똑같은 일만 해야 하는 변화 없는 일상 속 삶의 활력이 된다. 그리고 무엇보다 긍정적 마인드를 갖게 할 수 있는 가장 큰 에너지가 되어준다.

"당신의 가슴 뛰는 그 무엇을 매일매일 상상하고 이미 이루어졌다고 선포하라. 그것은 분명 현실이 되어 당신에게로 돌아올 것이다."

8
저질러라, 인생은 저지르는 자의 것이다

살다 보면 덜컥덜컥 일을 저지르고 보는 간 큰 사람들을 종종 보게 된다. 가령, 생활 수준과는 맞지 않는 고급 승용차를 할부로 뽑아서 멋있게 타고 다니는 사람이라든가, 버거워 보이는 생활임에도 불구하고 대출을 받아 집을 샀다든가 하는 것이다. 주위에 그런 사람들을 보면 대부분 사람이 꼭 하는 소리가 있다.

"아니, 어떻게 감당하려고 일을 저질렀어!"

그러나 사람들의 우려와는 다르게 그들은 그들이 저지른 일에 대한 감당을 제대로 잘해낸다. 오히려 그들의 로망이었던 꿈의 자동차, 혹은

저지르는 게 두려워 망설이고 있다면

지금 현재의 생활에서 크게 변화할 수 있다는 기대는 버려야 한다.

내 집 마련의 꿈을 이루고 난 후 그에 걸맞은 인생을 살고자 더욱 열심히 노력하고 발전하는 모습을 들여다볼 수 있다.

일반적으로 사람들은 이런 생각들을 한다.

"부지런히 돈 모아서 자동차 바꿔야지."
"열심히 돈 모아서 집 장만해야지."

이렇듯 평범한 생각으로 고생해가며 "돈 모아서 ~해야지" 하고 돈을 모으고 있을 때, 그들은 미리 자동차를 사고 미리 집을 장만한 후 누릴 것을 누리면서 그 대가를 치르는 것이다.

일명 '저지르고 보는 사람들'이라는 말로 통하는 그들은 사람들의 우려와는 다르게 자신이 저지른 것들에 책임감을 가지고 제대로 수습해 나간다. 오히려 그들은 저지름으로써 남들보다 한발 앞선 더 나은 멋진 삶을 사는 것이다.

어느 쪽이 현명하다고 생각하는가. 당연히 저지르는 사람 쪽이다. 그러나 우리는 그것을 알면서도 쉽게 그들처럼 저지르지 못하고 산다. 이유는 다양하다. 남들한테 행여나 손가락질받을까 봐 두려워서. 자신이 '그것을 잘 감당해 낼 수 있을까?'라는 자기 자신에 대한 불확신과 자신감이 부족해서. 지금의 안정이 영원할 거라는 근거 없는 믿음 때문에 등.

삶을 살면서 우리는 이렇듯 선택의 순간과 마주하게 되는 일이 자주 생긴다. 그 순간순간마다 안정과 안주하는 삶을 택하는 사람도 있고, 모험과 도전의 삶을 택하는 사람도 있다.

어느 쪽이 최고의 선택인지는 쉽게 단정 지어 말할 수 없다. 사람마다 처한 환경이나 자신이 추구하는 가치관이 다를 수 있기 때문이다. 그러나 다음의 사례를 통해 지금까지 여러분은 어떠한 삶을 살아왔으며 앞으로 어떠한 삶을 사는 게 제일 나은 방법인지 한 번 생각해 보자.

올해 나이 29세인 한 젊은이가 있다. 그는 대한민국 최고의 자기계발 강사와 대전지역 국회의원이 되어 지역의 발전을 위해 일 해보는 것이 꿈이라고 한다. 그는 얼마 전까지 주경야독하는 직장인과 학생의 신분이었으며 주말에는 자기의 꿈을 위해 틈틈이 강연을 다니는 스피치 강사였다.

그는 자기의 저서가 나오기 전까지는 무명강사였다. 그러다 보니 아무래도 자신의 노력에 비해 보상받는 대가는 야박하다 싶을 정도로 적을 수밖에 없었다. 어찌 보면 무명강사인 것을 고려했을 때 턱없이 적은 강연료는 당연한 일이었다.

그러나 대한민국 최고의 자기계발 강사를 꿈꾸는 그는 '지금 이대로는 도저히 안 되겠다.' 라는 판단을 하고 중요한 결정을 하게 된다. 자신의 자리에서는 한계가 있음을 깨달은 그는 저서를 통해 자신을 세상에 알리고자 결심한 것이다. 그러나 평범한 직장인이 책을 쓰겠다고 나서기는 했으나 막상 책을 쓴다는 것이 생각처럼 그리 만만한 일은 아니었다.

그래서 그는 우리나라 최고의 자기계발서 작가에게 책 쓰기에 대한 개인코칭을 받기 시작한다. 알다시피 누군가에게 개인 코칭을 받으려면 적지 않은 액수의 비용을 지급해야 한다. 그것도 그 분야 최고의 전문가라면 더욱더 많이.

누구나 결혼을 앞둔 젊은 나이에 결혼자금으로 모아둔 돈을 써야 할

만큼의 큰 투자를 해야 할 때에는 망설임이 생기기 마련이다. 그래서 시도조차 하지 않고 포기하거나 다른 차선책을 찾아보기도 한다. 그러나 그는 자신의 꿈을 위해 소신을 굽히지 않았다. 제대로 저지른 사례라 말할 수 있다.

그는 개인코칭을 받기 시작한 지 1년도 채 되지 않아 『1인 기업이 갑이다』라는 책을 출간하였다. 그리고 출간되자마자 베스트셀러 순위에 오르며 도전에 대한 그의 판단이 옳았음을 증명해냈다.

책이 출간된 이후 그는 베스트셀러 작가가 됨으로써, 여기저기서 강연 요청과 칼럼, 기고 등의 제의가 들어오는 등 몸값 비싼 스타강사가 되었다. 또 그는 발전적 저지름이라는 선택을 통해 남들보다 이른 시일 안에 성공도 하고 꿈도 이루었다. 서른도 안 된 청년이 자신의 미래를 두고 저지름이라는 도전을 통해 불과 몇 개월 만에 스스로 자기의 인생을 바꾼 것이다.

주변 친구들은 한참 젊음을 즐기고 유흥에 빠져 놀 나이에 차곡차곡 모아놓은 결혼자금을 털만큼, 혹은 승용차를 한 대 장만할 수 있을 만큼의 금액을 선뜻 투자하기란 그리 쉬운 일이 아니다. 그러나 일반 사람들이 결코 쉽게 결정할 수 없는 일을 그는 저지름으로써 지금은 일을 내도 아주 크게 낸 멋진 젊은이로 주위의 부러움을 한껏 받고 있다.

그가 주저하거나 혹은 당장 눈앞의 결혼자금에 연연하며 도전하지 않았더라면 지금의 베스트셀러 작가 윤석일은 탄생할 수 없었다. 아마 지금까지도 평범한 직장인으로, 회당 10만 원 안팎의 강의료를 받는 무명강사로 남아 있었을 것이다. 그러나 그는 눈앞의 현실 대신 자신의 미래를 위해 저지름을 택했고, 그것으로 인해 눈부신 인생 2막을 시작하며 그 이상의 벌이를 할 수 있는 영역에 들어갔다. 그의 저지름이 인생을 변화시킨 것이다.

저지르는 게 두려워 망설이고 있다면 지금 현재의 생활에서 크게 변화할 수 있다는 기대는 버려야 한다. 어떠한 노력이나 대가 없이 얻어지는 것은 없기 때문이다.

저지르되 목표를 정하고 목표가 정해졌으면 자신에 대한 믿음과 확신을 가져라. 그리고 그 방향대로 나아가면 된다. 자신에 대한 믿음과 확신은 열정을 불러오고 그 열정은 당신을 반드시 성공의 길로 이끌어 줄 것이다.

그가 자신을 믿지 못하고 자신에 대한 확신이 없어서 주저하거나 망설이고 있었다면 그는 아직도 평범한 직장인으로 혹은 무명강사로 머물러 있는 삶을 살고 있었을 것이다. 그러나 그는 망설임 대신 뚜렷한 목표를 갖고 자신에 대한 확신과 자신감으로 과감한 행동을 했다. 그 결과 지금은 성공자의 마인드로 성공자의 삶을 살며 행복한 비명을 지르고 있다.

생각을 많이 하는 사람, 완벽한 준비가 될 때까지 시도하지 않는 사람, 실패를 두려워하는 사람, 자신을 믿지 못하는 사람 등 섣불리 시도하지 않는 사람들은 저지르는 사람들의 속도를 따라갈 수 없다. 저지르는 사람들은 벌써 저만치 달려가고 있는데 출발조차 하지 못하고 있기 때문이다. 꿈을 이루고 싶다면, 원하는 일에 성공하고 싶다면 저지름을 두려워하지 마라.

"내가 꿈꾸는 것은 무엇이든 할 수 있다. 시도하라. 대담한 시도는 그

내부에 천재를 가지고 있고, 막강한 힘을 가지고 있으며, 신비한 힘을 가지고 있다."

-요한 볼프강 괴테

"잘 생각하는 것은 현명한 일이다. 잘 계획하는 것은 더욱 현명한 일이다. 그러나 잘 행동에 옮기는 것은 가장 현명한 일이며 가장 지혜로운 일이다."

-페르시아 금언 中

"생각할 수 있는 시간을 갖도록 하라. 그러나 행동을 해야 할 때가 되면 생각하기를 멈추고 바로 행동으로 뛰어들어라."

-나폴레옹 보나파르트

성공하고 싶은가. 그렇다면 주저하지 말고 도전의 길을 나서라. 인생은 저지르는 자의 몫이다. 오늘 하루 당신의 꿈과 미래를 위해 의식적으로 한 일은 무엇인지 생각해 보라. 혹시 살기 위한 삶을 살지는 않았는지, 살아나가기 위한 삶을 살지는 않았는지. 그렇다면 이제부터는 자신의 미래를 위해 어떠한 삶을 살 것인지 생각하고 그것을 계획한 후 행동으로 옮기는 미래를 위한 삶을 살아보자.

CHAPTER 3

미래를
디자인 할
7가지 습관

좋은 습관은

나의 미래를 바꾼다.

책을 읽는다는 것은

자신의 미래를 만든다는 것과 같다.

1
상상 그 놀라운 힘

요즘 일과 중 빠뜨리지 않고 하는 것이 한 가지 있다. 그것은 바로 미래에 대한 상상이다. 아침에 눈 뜨기 바로 전 또는 잠들기 전에 나의 간절한 꿈을 담은 바람을 마음속으로 상상하며 주문을 외운다. 그러한 습관 때문에 이제는 꿈속에서도 잠꼬대할 정도이다.

간절히 원하면 그 꿈은 반드시 이루어지게 되어있다. 그러나 그걸 알면서도 정작 사람들은 꿈을 꾸지 않거나 꾼다고 해도 잠시 스쳐 지나가는 바람 같은 꿈을 꾸고 만다. 결국, 이루어질 수 없는 꿈을 꾸는 것이다.

예전에 나는 상상만으로도 꿈을 이룰 수 있다는 말은 별로 믿지 않았다. 그저 '그럴 수도 있겠구나!' 하는 생각 정도였다. 그래서 나는 나의 미래에 대해 간절한 염원을 담아 생생하게 머릿속에 그려보거나 구체적으로 그것을 상상해 보지 않았다. 그저 가끔 떠오를 때마다 막연히 '그렇게 됐으면 참 좋겠다.' 하는 상상 정도 밖에는.

호텔 왕이라 불리는 콘래드 힐튼은 꿈에 대한 미래의 결과에 대해 다음과 같이 말했다.

"사람의 미래는 개인이 지니고 있는 능력에 의해서가 아니라, 그가 마음속으로 생생하게 그리는 꿈에 의해 결정된다."

전 세계 250개가 넘는 호텔을 세운 콘래드 힐튼. 처음에 그는 호텔 벨 보이로 시작했다. 집안 형편이 넉넉하지 못하고 능력 또한 없어서 그는 호텔에 오는 손님의 가방을 들어주고, 방 청소와 뒷심부름 까지 처리해 주는 일로 생계를 유지했다. 그러나 그에게는 다른 벨 보이들과는 다른 강력한 한 가지가 있었다. 그것은 바로 상상력이었다.

당시의 콘래드 힐튼은 가장 큰 호텔 사진을 구하여 잘 보이는 곳에 붙여두고 그 호텔의 주인이 된 자신의 모습을 상상하곤 했다. 그로부터 15년 뒤인 1940년 콘래드 힐튼은 마침내 큰 호텔의 주인이 되었다. 이처럼 자신의 성공 비결을 묻는 이들에게 콘래드 힐튼은 이렇게 말했다.

"사람들은 흔히 자신의 재능과 노력이 성공을 가져다준다고 생각합니다. 그러나 그렇지 않습니다. 성공을 끌어오는 것은 생생하게 꿈꾸는 상상의 힘 때문입니다.

내가 호텔 벨 보이 생활을 할 때 나의 주변에는 똑같은 처지의 벨 보이들이 많았습니다.

또한, 호텔을 경영하는 능력이 나보다 뛰어난 사람들도 많았고, 나보다 더 열심히 일하는 사람들 역시 많았습니다. 하지만 최선을 다해 성공한 자신의 모습을 그렸던 사람은 오직 나 하나뿐이었습니다. 이처럼 성공함에서 가장 중요한 것은 '꿈꾸는 능력' 입니다."

사람은 자신이 생각하고 상상하는 모습 그대로 변화한다. 자신이 부정적인 상상을 하면 부정적인 요소들이 따르게 되고, 긍정적인 상상을 하면 긍정적인 요소들이 자신을 따른다. '끌어당김의 법칙' 이라고 생각하면 된다.

자신을 스스로 무능하다 생각하고 열등감 속에 빠져 사는 사람은 스스로 자기 삶의 목표를 낮추고 자신이 가지고 있는 능력이나 재능을 낭비하게 된다. 자신감 부족으로 충분히 할 수 있는 능력까지도 스스로 무능하게 만들어 버리는 것이다. 그러나 자신감을 느끼고 자기 삶의 목표를 높이며 원대한 포부를 갖는다면 그에 맞는 삶을 살아지게 된다. 자석처럼 자신이 생각하는 대로 끌어당기는 것이다. 그러므로 의식적으로든 무의식적으로든 습관적으로 자신의 꿈에 대해 생각하고, 성공한 자신의 모습을 구체적으로 상상해야 한다. 그렇게 계속해서 자기 암시를 꾸준히 하다 보면 꿈은 반드시 이룰 수 있게 되어있다.

앞에서 말했듯이 예전의 나는 '상상의 힘' 에 대해 크게 믿지 않았다. 이 때문에 꿈이라는 게 있어도 그 꿈은 그저 잠깐씩 갖게 되는 바람 정도에 불과했다. 당연히 그렇게 꾼 꿈들은 이루어지지 않았다. 그러나 성공한 사람들에게서 발견할 수 있었던 공통점 중 하나가 바로 꾸준한 상상력과 자기암시였다는 것을 알게 된 후부터는 나도 그들처럼 상상하는 것을 따라 하게 되었다.

– 내가 쓴 책이 스테디셀러가 되는 상상.
– 베스트셀러 작가가 되어 저자 강연을 하는 상상.
– 나로 인해 동기부여를 받고 주변 사람들이 변화되는 상상.
– 고급 승용차의 오너가 되는 상상.
– 멋진 전원주택에서 삶의 여유를 누리는 상상.
– 사진작가가 되어 멋진 작품사진을 찍는 상상.
– 세계를 여행하며 여행에세이를 쓰는 상상.

그리고 이러한 상상은 이미 이루어진 것처럼 매일 시간 날 때마다 틈틈이 머릿속에 그리며 간절함을 담아 주문을 외운다.

"나는 베스트셀러 작가다."
"나는 사람의 마음을 진심으로 움직이는 동기부여가다."
"나는 세계를 여행하며 글을 쓰는 여행 작가다."
"나는 BMW의 오너다."
"나는 현금보유 백억 대의 자산가다."
"나는 최고의 삶을 살고 있다."

꿈은 상상 때문에 이루어진다. 우리가 상상의 힘을 의심하지 않고 그대로 이루어질 거라 확실하게 믿으면 원하는 모든 것을 이룰 수 있게 된다.

보디빌더에서 할리우드 스타로, 또 정치가로 자신의 꿈을 키워온 아놀드 슈워제너거. 그는 자신의 성공 과정을 이야기 하며 이렇게 말했다.

"나는 미래에 내가 원하는 자리에 서 있는 비전을 상상할 때 가장 기쁘고 행복했다."

"구체적으로 머릿속에 형상화된 비전은 나에게 마치 현실처럼 느껴졌고, 그러므로 그 자리에 이르기 위해 긴장할 필요가 없이 편안한 기분이 들었다."

그는 비전이 실현되는 것은 앞으로의 시간문제일 뿐 이미 그 자리에 도달했다는 상상을 하면 반드시 이루어진다고 말한다.

자기의 꿈을 구체적으로 머릿속에 그리는 일은 간절함을 동반하는 원동력이 되어주고 안주하는 삶이 아닌 도전하고 발전하는 삶을 살게 하여준다. 또한, 자신의 의식 수준을 높이는 데 상당한 영향을 준다. 부정이 아닌 긍정의 삶을 살게 됨으로써 세상을 바라보는 시각과 생각하는 수준이 전보다 한 차원 높아지게 되는 것이다.

여러분은 지금 어떠한 상상을 하고 있는가? 아직도 현실을 직시하느라, 혹은 꿈은 나와는 별개인 이상세계의 것이라 단정 지으며 상상하는 일조차도 거부하고 있지는 않은가? 꿈은 꾸는 자에게만 이루어지게 되어있다. 여러분이 꿈을 꾸고 그것을 이루길 바란다면 지금부터 자신을 믿고 자신의 상상력을 믿으면 된다.

2
가치기준을 바꿔야 미래도 바뀐다

항상 시간에 쫓기고 돈에 쫓기며 사는 사람들이 무의식중에 습관처럼 하는 말이 있다.

"시간이 없어서…"
"돈이 없어서…."

하루에도 수없이 "돈이 없다.", "시간이 없다." 라는 말을 되풀이하며 사는 사람들의 공통점을 찾아보면 분명 나름대로 타당한 이유가 있게 마련이다. 가정 생활비, 자녀 교육비, 주택자금 마련, 대출금 상환 등 하늘 높은 줄 모르고 오르기만 하는 지출금액에 비해 수입은 한정되어 있으니 당연히 돈 걱정을 안 할 수가 없다. 또한, 하루 종일 밥벌이에 매달려야 하고, 퇴근 후에는 업무연장이라 주장하는 회식과 이런저런 각종 모임에 참석하느라 지친 몸을 회복시킬 시간도 없는데 다른 시간적 여유가 없는 것은 어쩌면 당연한 일일 것이다.

철학자 소크라테스는 말했다.

"단순히 산다는 것이 중요한 것이 아니다. 잘 살아간다는 것이 중요하다."

잘 산다는 기준은 사람마다 다르다. 그것은 어느 것에 가치기준을 두느냐에 따라 행복한 삶일 수도 있고 그렇지 않은 삶일 수도 있다.

돈에 가치를 두는 사람이라면 돈이 많아야 잘사는 것이다. 건강에 가치를 두는 사람이라면 건강한 삶을 사는게 잘 사는 것이고, 세상에 얽매이지 않는 자유로운 삶을 원하는 사람이라면 시간적 여유를 즐기고 살아야 잘 사는 것이다.

어느 삶에 가치기준을 두던지 정답은 없다. 사람마다 서로 생김새가 다르듯 추구하는 삶과 의식수준도 제각기 다르기 때문이다.

현재의 삶에 만족하는 삶을 사는 사람은 지금 현재 잘 살고 있다고 생각할 것이고, 무언가를 계속 바라는 사람이라면 그렇지 않을 수도 있다.

그러나 중요한 것은 단순히 살아가기 위한, 살아내기 위한 삶을 살아서는 안 된다는 것이다. 자기가 나아가야 할 삶의 방향을 명확히 정하고 그 삶에 투자하는 삶을 살아야 한다.

간혹, "현실을 살아내기도 바쁘고 힘든데 미래를 위해 투자할 돈과 시간이 어디 있습니까?" 하고 말하는 사람들도 있다. 그러나 나는 말하고 싶다. 현실을 살아내기 힘들다면 더욱더 미래의 자신을 위해 투자하라고.

자기계발은 미래의 자신을 위한 최고의 투자이자 자산이 된다. 그것이 아까워 미래의 자신을 포기한다면 미래의 당신은 지금처럼 단순히 살아내기 위한 바쁘고 힘든 삶을 살 수밖에 없다. 여러분이 자신의 발전적인 미래를 꿈꾼다면 무엇보다 '나 자신'이 삶에 기준이 되어야 함을 기억해야 한다.

안타깝게도 대부분의 사람은 나 자신이 아닌 다른 사람이 기준이 되어 살고 있다. 때문에 다른 사람의 생각에 이끌리고 그들의 생각대로 살아가려 애를 쓴다. 그런 사람들은 5년 전이나 1년 전이나 변한 게 없다. 아마도 그들은 내년에도 5년 후에도 마찬가지일 것이다.

같은 사회생활을 하더라도 "남들도 하니까 나도 해야지" 하는 식의 끌려다니는 삶은 더 이상 하면 안 된다. 그 일을 하면서 이루어야 할 미래의 계획을 명확히 머릿속에 그리고 자신만의 주체성을 찾기 위해 노력해야 한다.

직장 내에서 자기 삶에 얼마나 적극적이고 의식적으로 사는지 아닌지를 살펴보면 보통 세 가지 유형으로 나눌 수 있다.

첫째. '안주형', 비교적 나태하다.
안주한다는 것은 머지않아 도태한다는 것이다. 남들은 뛰고 날고 하는데 정작 걷지도 않고 제자리에서 '내 자리는 안전하니까', '이 정도면 되겠지' 하는 생각은 자신뿐 아니라 그가 속해있는 조직까지도 도태하게 한다. 이런 사람들은 자신의 미래에 대해 아무런 투자도 하지 않는다. 지금의 안정이 영원할 거라 굳게 믿고 있다.

둘째. '불안형', 불안하지만 정작 무엇을 해야 할지는 모른다.

늘 좌불안석이다. 언제 자리를 내놓아야 할지 모르는 불안감, 거침없이 치고 올라오는 후배들에 대한 압박감 등. 자신의 능력을 과소평가하며 언제 쫓겨날지 몰라 늘 안절부절이다. 때문에 무언가를 해야겠다는 인식은 하면서도 정작 그런 자신을 위해 무엇을 해야 할지 몰라 그것 때문에 또 불안하다. 그나마 다행인 것은 자신이 처해있는 현실을 바라볼 줄 안다는 것이다. 자신만이 가진 세상의 틀만 깨면 자신의 미래를 꿈꾸는데 발전 가능성이 있는 사람이다.

셋째. '도전형', 매사에 자신감 있고 적극적이다.

항상 자신의 미래를 계획하고 자신의 발전을 위해 자기계발을 게을리 하지 않는다.

자신의 미래를 위해 자기계발을 열심히 하는 사람은 누구보다 삶을 열정적이고 발전적으로 산다. 세상을 바라보는 생각이 깨어 있기 때문에 항상 변화를 추구하고자 한다. 그런 사람은 주변 사람에게 긍정적인 영향을 당연히 줄 수밖에 없다. 이들은 시간과 돈에 대한 투자가치를 누구보다 잘 아는 사람들이다.

"회사에 100% 투자하는 사람은 회사를 망치는 사람입니다. 자기계발에 50%는 투자하십시오."

보수적 기업문화로 유명한 국내 굴지의 LG 기업 차석용 사장이 취임식에서 한 말이다. 이렇듯 이제는 미래를 위해서 현재를 투자해야 함에는 틀림이 없다. 다시 말해 미래의 꿈과 목표를 위해서도 현재의 시간적 노력과 금전적 투자가 절실히 필요하다는 것이다.

우리나라 직장인 자기계발 현황 조사에 따르면 자기계발을 위해 투자하는 시간(인크루트 조사 결과)은 일주일 기준 1시간 이하 15.1%, 1~3시간 48.4%, 3~6시간 16.7%, 6시간 이상 19.8%이다. 또한, 자기계발을 위한 투자비용(잡코리아 조사결과)을 살펴보면 한 달 기준 5만 원 미만 9.4%, 5~10만 원 40%, 10~20만 원 36.9%, 20~30만 원 10.3%, 30~50만 원 3.4%로 나타났다.

자기계발을 하는 이유를 살펴보면 대부분이 이직, 연봉인상, 승진, 업무수행, 남들에게 뒤처지기 싫어서, 남들이 하니까 나도 해야겠다는 막연한 두려움 때문이었다. 급변하는 시대 속에서 살아남기 위해, 살아내기 위해 고군분투하는 나름대로의 결과인 것이다. 조사결과에서도 알 수 있듯이 대부분의 사람은 아직도 살아남기 위한 자기계발에 대부분의 시간과 비용을 투자한다.

그러나 당장 눈앞에 밥벌이 때문에 여유가 없다는 것을 핑계로 더는 자신의 미래를 포기하거나 방관해서는 안 된다. 미래의 꿈에 대한 가치를 중요시한다면 당장 들어가야만 하는 눈앞에 지출이 문제가 될 수 없고, 시간이 문제가 될 수 없다.

자신의 가치를 현재에 두느냐 미래의 꿈에 두느냐에 따라 당신은 돈과 시간을 지배할 수도 지배당할 수도 있다. 막연히 경쟁 속에서 살아남기 위한 지금 현재의 삶에 가치를 둔다면 앞으로도 당신은 위와 같은 자기계발에 시간과 비용을 투자하는데 열을 올릴 것이다. 그러나 사회적 구조의 경쟁을 넘어서 자신만의 든든한 무기를 갖고자 한다면 당신은 미래의 꿈에 가치를 두고 방향을 바꿔 당신의 현재를 투자해야 한다. 더 이상 돈이 없어서, 시간이 없어서라는 단순한 숫자놀이 때문에 자신의 더 큰 미래의 꿈을 포기하지 마라.

3
독서를 삶의 일부로 만들어라

최근 문화관광부에서 발표한 국민 독서 실태조사에 의하면, 1년간 한 권의 책도 읽지 않는 대한민국 성인은 무려 33.2%에 달한다. 이러한 대한민국 국민의 독서 수준은 OECD 국가 중 꼴찌, UN 191개 가입국 중 최하위인 166위를 기록하게 했다.

'10명 중 3명 이상이 일 년에 단 한 권의 책도 읽지 않는 국민이 사는 나라 대한민국.'

자신의 가치를 높이려면 기본적으로 독서를 해야 한다. 그럼에도 불구하고 독서를 하지 않는 주변 사람들을 보면 안타까울 때가 한두 번이 아니다.

십 년 전까지만 해도 지하철 안에서는 책을 읽거나 신문을 들여다보는 사람들을 많이 접할 수 있었다. 그러나 요즘은 그런 사람들을 찾아보기가 쉽지 않다. 지하철 내 사람들은 온통 스마트 폰으로 할 수 있는 게임, 영화감상, DMB 시청, 음악 감상 등에만 빠져있을 뿐이다. 때문에 책을 가까이하는 나로서는 예전의 지하철 풍경이 그리울 때가 있다.

이십 대 초반부터 직장 생활을 시작한 나는 분당 집에서 서울 강남에 있는 회사까지 매일 지하철로 출퇴근을 했었다. 독서습관은 아마도 그때부터 들여진 것 같다. 매일 출퇴근시간에 생기는 2~3시간을 나는 독서의 시간으로 활용했다.

그렇게 몇 년간을 꾸준히 독서하고 나니 자연스럽게 책을 읽는 습관이 몸에 배었고, 지금까지도 이어져 이제는 매일 책과 함께하지 않으면 마음 한구석이 왠지 모르게 허전함을 느낄 정도이다. 나는 기억력이 좋지 않아 내가 읽은 책들의 내용을 일일이 다 기억하지는 못한다. 때로는 어제 읽은 책의 제목조차도 기억해내지 못할 정도로 나의 기억력은 그리 좋지 않다. 어쩌면 그래서 남들보다 책을 더 열심히 읽는지도 모른다. 책을 통해 늘 깨어 있고 매일 책을 통해 자극받으며, 올바른 사고를 함으로써 나를 발전시키기 위한 하나의 방편으로 말이다.

책은 단순히 지식만 얻을 수 있는 딱딱한 물건이 아니다. 세상을 배울 수 있고, 수많은 사람의 생각과 철학을 배울 수 있으며, 그들의 경험을 통해 간접 체험을 할 수 있는 살아있는 보물 창고이다. 이러한 것을 알고 있는 나에게는 독서가 삶의 활력소이고 삶의 충전소이며 깨어있는 삶을 살게 해주는 자극제나 다름없다.

　성공하고자 하는 사람에게 독서는 기본 중 기본이다. 그 때문에 성공한 사람들은 취미가 아닌 습관으로 꾸준히 책을 읽어 왔으며 성공한 후에도 독서 습관은 여전한 것을 알 수 있다.

　'세계 최고의 부자' 하면 미국 마이크로소프트사의 빌 게이츠가 떠오를 것이다. 그는 어려서부터 소문난 독서광이었으며 늘 도서관에서 시간을 보내는 일이 다반사였다. 그는 자신의 성공비결에 대해 이렇게 말한다.

　"오늘날 나를 있게 한 것은 어린 시절 우리 마을 도서관이었습니다."

　독서의 중요성에 대해 많은 걸 알고 있는 그는 하버드 대학교의 수석 졸업장 보다 더 중요한 게 책 읽는 습관이며, 100억 원의 상속보다 더 훌륭한 유산은 독서습관을 아이들에게 물려주는 것이라고 말한다.

　미국의 대표적인 여성 방송인 오프라 윈프리도 마찬가지이다. 18세 가정부 출신 미혼모에게서 태어난 그녀는 주변의 성적 학대를 받으며 자랐고, 그녀 또한 14세에 미혼모가 되었다. 한때 100kg의 육중한 몸매에 마약의 유혹에도 빠졌던 그녀는 누가 봐도 실패한 인생이었다. 그런 그녀가 세계지도자상 수상, 세계 10대 여성, 세계 최고 비즈니스 우먼 등 세계적으로 유명한 사람이 되기까지 그녀 또한 항상 독서와 함께였다. 책이 그녀의 인생을 변화시켜준 것이다. 오프라 윈프리 또한 자신의 성공비결을 묻는 질문에 이런 대답을 했다.

"책이 오늘의 나를 만들었습니다. 책을 통해 나는 미시시피의 농장 너머 정복해야 할 다른 세상이 있다는 것을 알게 되었습니다."

독서로 인생을 바꾼 유명인들만 봐도 독서습관이 자신에게 얼마나 커다란 인생의 변화를 가져다주는지 그 중요성을 알 수 있다. 이름만 대도 알만큼 유명하고 성공한 사람의 대부분은 늘 책과 함께한다. 책 속에 길이 있고 답이 있다는 것을 알고 있기 때문이다. 그리고 그들은 책을 통해 자신이 얻은 것들을 독서경영을 통해 많은 사람과 함께 나누고자 노력한다.

아시아 최대 규모의 미용전문 업체를 운영 중인 준오헤어의 강윤선 대표가 있다. 그녀의 경영철학 중 하나는 바로 독서이다. 그녀는 직원들에게 항상 '책 읽기'를 강조한다.

18년이 넘게 독서교육을 진행해 왔다는 그녀는 매달 한 권의 책을 직원들에게 읽게 한다고 말한다. 책을 싫어하는 직원이 있으면 매일 5장씩 책을 찢어서 주며 읽게 하고, 읽은 후에는 독후감도 받는다.

그렇게 직원들에게 책 읽기를 강조하는 이유는 책을 통해 자신이 성공할 수 있었듯 직원들 또한 책을 통해 자신의 꿈을 이루는 최고의 인재가 되길 바라는 마음에서 일 것이다.

몇 해 전 나는 강윤선 대표와 함께 '크리스토퍼 리더십'이라는 강사 세미나에서 같은 기수의 동기로 만나 이틀을 같이 보낸 적이 있다. 당시 천안에 살고 있었던 나는 그때만 해도 '준오헤어'라는 곳이 그렇게 유명한 곳인 줄 잘 몰랐다.

자기소개 시간에 준오헤어 대표라는 분과 직원 몇 명이 함께 나와 인사를 하기에 그때 처음 알게 된 이름이 전부이다. 당시 나는 직원들과 함께 세미나에 참석한 강윤선 대표를 보며 그녀와 함께 일하는 직원들을 무척 부러워했던 기억이 난다.

짧은 시간이었지만 옆에서 내가 지켜본 그녀는 대기업 수준의 규모를 운영하면서도 주변 사람들에게 권위를 내세우지 않았다. 직원들과 벽이 없이 지내며 세심하게 하나하나 직원들을 챙기는 그녀의 모습은 그야말로 맘씨 좋은 이웃집 아주머니, 사랑 가득한 어머니처럼 보였다. 지금 생각해 보면 그녀의 그런 내공 또한 독서를 통해 다져진 것이 아닐까 생각해본다.

가난 때문에 학업을 포기하고 어린 나이에 생계에 뛰어들어야 했지만, 그녀는 독서를 통해 남들보다 많은 간접경험을 했다고 말한다. 한 줄의 글이 사람을 변화시킬 수 있다고 믿는 그녀는 책을 통해 지속해서 자극받아야 끊임없이 성장할 수 있다는 말도 덧붙인다.

성공한 사람 치고 책을 멀리하고 산 사람은 단 한 사람도 없다. 그만큼 책은 사람들의 의식을 확장해주고 인생까지도 변화시켜주는 최고의 스승이라 해도 과언이 아니다. 사람들에게 유해함보다는 유익함을 주는 독서는 이제 꿈을 꾸는 여러분에게도 선택이 아닌 필수가 되어야 한다. 또 취미가 아닌 습관이 되어야 함은 두말할 것도 없다. 미국의 철학자 에머슨의 말이다.

"책을 읽는다는 것은 미래의 자신을 만든다는 것과 같은 뜻이다."

자신의 미래를 결정짓는 것은 현재 자신이 어떤 생각을 하고 있느냐에 달려있다. 독서는 매일 열린 생각으로 진취적이고 발전적인 삶을 살수 있게 긍정적 방향을 제시하여 준다. 따라서 독서는 당신의 성공적인 미래를 책임져줄 소중한 자산이 되어 줄 것이다.

4

목표가 있는데 왜 주저하는가

건강보조식품으로 이름을 알리며 유명해진 천호식품 김영식 대표가 있다. 그는 한때 부산에서 현금보유 기준 100위 안에 드는 부자였다. 하지만 전문분야가 아닌 사업에 손을 댔다가 망해 졸지에 부자에서 빚쟁이로 전락했다. 그는 순식간에 빚 많은 사람 100위 안에 들며 허름한 여관방을 전전긍긍 하고, 한 끼 밥값 5천원이 없어 소주 한 병과 6백 원짜리 소시지 하나로 허기를 달래야 했다.

지금은 2백 여명의 직원을 거느리는 회사의 경영자가 되었고, 이름만 대도 알만큼 유명한 회사를 만들어 낸 그가 이렇게 재기 할 수 있었던 데에는 그에 따른 실천이 있었기 때문이다.

만약 여러분이 김영식 대표처럼 순식간에 수십 억의 빚을 진 빚쟁이가 된다면 어떠하겠는가? 아마도 보통 사람들은 막막함에 망연자실하고 극단적인 경우 삶을 포기해 버리기도 했을 것이다. 그러나 그는 그러지 않았다. 자신이 처한 삶에 비관하기 보다는 긍정적인 마인드로 쓰러져 가는 회사를 살리는 일에 열정을 쏟았다.

이른 새벽마다 지하철역으로 나가 회사 제품을 소개하는 전단지를 만들어 돌리고, 직접 발로 뛰며 세일즈를 시작했다. '회사를 다시 일으켜 세워야겠다.'는 목표를 갖고, 그 목표를 위해 직접 움직이며 실천을 한 것이다.

사람들은 하루에도 수많은 목표를 머릿속에 그렸다 지우기를 반복한다. 그리고 그러한 목표는 끝내 이루지 못하고 잠깐 머릿속을 스치는 상상에 그치고 만다.

어려서부터 작가의 꿈을 갖고 있었던 나 또한 막연하게 작가가 되겠다는 꿈만 꾸었다. 때문에 그것을 이루기 위한 어떠한 실천도 하지 않았다. 가끔씩 좋은 책을 접하거나 유명한 작가들을 보게 되면 '아!, 나의 꿈도 작가였는데….' 하며 한숨만 지었다. 그리고 '언젠가는 이룰 수 있겠지.' 하고 스스로를 위로하며 마음속에 고이 묻어두곤 한 게 전부였다.

"내가 감히 어떻게."

"내가 과연 할 수 있을까?"

"나에게 그만한 실력이 있는 걸까."

"지금 이렇게 꿈 타령하며 살 때가 아니지."

"나중에, 여유 좀 생기면 해보자."

나의 꿈을 방해하는 건 언제나 '안 되겠지.' 하는 부정적인 생각과 '나중에 하면 되지!' 하고 미루는 습관이 문제였다. 그러나 꿈은 미루어서는 절대 이루어질 수 없다는 것을 알게 된 나는 내가 하고자 하는 일, 하고 싶은 일이 생기면 바로 도전하고 실천해야만 이루어질 수 있다는 진리를 깨닫게 되었다.

재작년 여름으로 기억한다. 나는 독서를 하다가 마음속에 담아두었던 '작가의 꿈'이 꿈틀댐을 느끼기 시작했다. 책을 읽는 내내 꿈에 대한 열망 때문에 가슴이 설레었고, 심장이 뛰기 시작한 것이다.

그러나 나는 여느 때와 마찬가지로 꿈에 대한 도전을 시작하지 못한 채 망설이고 있었다. 늘 가졌던 나에 대한 불확신 때문이었다. 그렇게 6개 월간을 허송세월 시간만 보내고 있는 나 자신을 발견하게 된 나는 꿈을 이루기 위한 행동을 시작했다. 작가가 되기 위한 기본적인 소양과 책을 쓰기 위한 공부를 시작한 것이다.

직장인인 관계로 시간적인 여유가 그리 많지는 않았지만, 주말 시간과 늦은 저녁 시간을 최대한 활용해 책을 쓰기 시작했다. 그리고 세상에 책을 내놓는 작가가 되었다.

예전의 나는 꿈은 있었지만, 그것을 이루고자 실천하지 않았다. 그래서 아무것도 이루지 못했다. 그러나 지금의 나는 꿈을 꾸었고 그것을 이루기 위한 실천을 함으로써 꿈을 이루는 데 성공했다.

만약 내가 아직도 주변의 시선과 나의 환경, 나의 부정적인 생각들 때문에 꿈을 미루고 있었다면 어떠했을까? 아마도 1년 전의 나와 별다를 게 없는 똑같은 직장인으로 남아있었을 것이다. 그러나 꿈을 이루기 위한 실천을 시작한 지 불과 1년도 채 되지 않아 작가가 되었고, 지금은 세 권의 책을 갖는 저자가 되었다.

이렇듯 꿈이 있다면 목표를 세우고 그 꿈을 이루기 위한 실천을 시작하면 된다. 혹시 무엇을 어떻게 시작해야 할지 막연하고 막막한가. 그렇다면 당장 꿈을 써보는 일부터 시작해 보라. 그리고 매일 그것을 읽으며 이룰 수 있다고 주문을 외워라. 꿈을 써보고 주문을 외우는 실천만으로도 여러분의 꿈은 성공을 향한 비행기에 탑승한 것과 다름없다. 그다음은 날아오르기만 하면 된다. 안타깝게도 사람들은 비행기에 탑승하는 것을 하지 못해 하늘을 날지 못한다.

성공하지 못한 사람, 성공할 기미가 없는 사람들은 자신에 대한 확신이 없는 사람이다. 때문에 항상 마음속에는 부정과 비판, 비관으로 가득 차 있고 내가 아닌 남의 탓을 일삼는다.

반면 성공한 사람, 성공할 가능성이 보이는 사람들은 자신에 대한 확신과 믿음이 있다. 마음속에는 긍정과 열정으로 끊임없이 무언가에 도전하고 목표를 향한 실천을 게을리하지 않는다.

여러분에게는 분명 꿈과 목표가 있다. 그렇다면 여러분은 그 꿈과 목표를 위해 언제부터 실천을 시작할 것인가?

"10년 후?"

"5년 후?"

"1년 후?"

"한 달 뒤?"

"내일부터?"

지금 바로 시작하라. 여러분이 실천을 미루면 미룰수록 꿈을 이루는 일은 늦어진다. 그러나 실천을 당기면 당길수록 꿈을 이루는 일은 그만큼 빨라진다. 여러분은 10년 후, 5년 후, 1년 후, 한 달 뒤 또는 내일이 아닌, 오늘 지금 이 시각부터 시작하면 된다.

　뛰지 못하고 망설이는 사람들에게 천호식품 김영식 대표가 한 말이다.

　"왜 실천을 못 하는가? 성공에 대한 자기 확신이 없기 때문이다. 그런 사람은 주변을 너무 많이 의식하고 체면을 먼저 따진다. 그리고 행동으로 옮길 용기가 없다. 어떤 새로운 아이디어를 실천하려면 상당한 용기와 배짱, 그리고 실패를 감수할 줄 아는 책임 등이 뒤따른다. 성공한 사람들을 보면 아이디어는 단순해도 용기, 배짱, 자기 확신, 실패를 두려워하지 않는 정신, 실패에 따른 대가 지불의 각오 등을 갖추고 있다."

5

악마의 속삭임에 흔들리지 않을 신념을 지녀라

> "그 나이에 꿈은 가져서 뭐하게?"
> "그냥 지금처럼 편하게 살지그래!"
> "제정신 맞아? 치열한 경쟁 속에서 살아남으려면 정신 좀 차려!"
> "지금 한가하게 꿈이나 꾸고 있을 때가 아니야!"
> "좋을 때다, 여유 부리며 꿈이나 꾸고 있고."

무언가 좀 특별한 삶을 살고자 하는 사람들에게 항상 따라붙는 말들이다. 다름 아닌 주변 사람들의 걱정, 비판, 시기, 질투, 유혹 등이 그것이다. 꿈이나 목표가 없는 사람들은 늘 무언가 좀 하려고 꿈틀거리는 사람들을 그대로 놓아두지 않는다. 그들은 늘 부정적인 말들로 사람들의 꿈을 훼방 놓아야 직성이 풀린다. 자신과 비슷한 위치에 있던 사람이 무언가를 함으로써 상대적으로 자신이 작아지지 않을까 하는 생각에 위축됨을 느낀 나머지 시기와 질투심이 발동 하는 것이다. 옛말에 '사촌이 땅을 사면 배가 아프다.' 는 속담과 같이 남이 잘되는 것을 두고 보지 못하는 것과 같다.

세계최초로 동력 비행기를 만들어 하늘에 띄운 미국의 비행기 발명가 라이트형제가 있다. 라이트 형제는 고등학교도 졸업하지 않은 아마추어 연구가였다. 그럼에도 불구하고 그들이 엘리트임을 자부하는 과학자들보다 먼저 비행을 성공할 수 있었던 이유는 바로 날아오르겠다는 꿈에 대한 확고한 신념과 열정이 있었기 때문이다.

안타깝게도 그들은 세계최초로 비행을 성공했음에도 불구하고 사람들에게 인정받지 못했다. 과학자들의 시기와 질투에 인해 만들어진 모함 때문이었다. 그러나 그들은 낙담하거나 포기하지 않았다. 대신 종전보다 비행기록을 늘리고 더 높이, 더 빠르게 날아오르는 비행을 꿈꾸며 사람들의 시기, 질투, 모함, 비판 등을 견뎌냈다. 결국, 그들의 꿈을 향한 집념과 노력에 의해 오늘날 우리가 비행기를 탈 수 있게 된 발판이 된 것이다. 그들은 무엇보다 자신들의 꿈의 가치를 소중히 여겼다. 그들은 말했다.

"자신의 꿈이 그만한 가치가 있다고 믿는다면, 꿈만 좇는 바보처럼 보여도 좋을 것이다."

미래를 위한 꿈을 꾸고 그 꿈을 위한 인생 설계도를 그려 나가며, 그 것에 맞는 삶을 산다는 것은 의미 있고 행복한 일이다. 자신의 삶을 주도적으로 산다는 자체만으로도 내가 세상의 주인이 된 듯싶고, 세상을 움직이며 살고 있다는 생각에 자존감도 높아지기 때문이다.

그러나 세상은 당신의 꿈이 그렇게 쉽게 이루어질 수 있도록 호락호락하게 길을 내어주지만은 않는다. 어떻게든 당신의 꿈을 짓밟으려 하고, 온갖 유혹과 질투 어린 시기심으로 당신의 꿈을 방해하려 한다. 항상 악마를 자처하는 훼방꾼들이 당신의 주변에 서성이고 있다가 호시탐탐 기회를 엿보며 당신의 꿈을 빼앗아 버리기도 한다. 결국, 그것에 흔들리는 사람은 늘 제자리에 머물러 있는 삶만 살게 된다.

꿈을 이루는 사람과 꿈만 꾸다 포기하는 사람의 차이점은 바로 이러한 부정적 주변 요소들에 흔들리느냐 그렇지 않으냐에 따라 다르게 나타난다. 당신의 꿈을 방해하는 요소들에 의해 갈대처럼 이리저리 흔들리게 되면 그 꿈은 절대 이루지 못한다. 그러나 그 어떠한 속삭임에도 흔들리지 않고 자신의 꿈에 대한 신념을 확고히 한다면 그 꿈은 반드시 이루어 낼 수 있다.

현재 꿈을 꾸고 그 꿈을 이루며 살고 있는 나에게도 여지없이 부정적인 반응과 시기 섞인 속삭임은 항상 존재한다. 그것은 늘 나를 따라다니며 꿈을 포기하라고 종용하기도 한다.

"꿈 타령하느라 회사 일에 소홀히 하는 거 아니니?"
"부모가 자신의 꿈만 좇느라 자식들에게 소홀해져 결국은 아이들이

엉뚱한 길로 가던데!"

"요즘은 개나 소나 다 한다고 덤비더라!"

"지금도 충분히 안정적인데 뭐가 부족하다고 사서 고생을 하고 그러니?"

"웬만하면 그냥 평범하게 살아! 평범하게 사는 것도 결코 쉬운 일이 아니야!"

그러나 나는 그 어떠한 것에도 흔들리지 않는다. 내 꿈에 대한 확신과 꼭 그 꿈을 이루어내겠다는 결심이 확고하기 때문이다. 무엇보다 나의 꿈을 방해하는 사람들은 대부분 남 보기에 이렇다 할 만큼 이루어 놓은 게 없는 사람들이었다. 즉 두려움에 아무런 시도나 도전조차 하지 않는 사람들이 이러쿵저러쿵 남의 꿈에 말이 많은 것이다.

자신 스스로 꿈에 도전하는 것도 두렵고, 남이 꾸는 꿈조차도 행여 자신에게 피해가 되지 않을까 두려워 방해하는 사람들의 말과 행동에 굳이 동요될 필요는 없다. 그런 부류의 사람들을 지켜본 바로는 회사 일에 소홀히 하는 건 내가 아닌 바로 그들이고, 자식들 때문에 속 시끄럽게 사는 건 내가 아닌 바로 그 말을 한 당사자였으니 말이다. 그들은 생각이 깨이지 않는 한 평생 남들처럼 평범함에 안주하며 살 것이고 새로운 것에 대한 도전이라는 것은 생각조차 하지 않을 것이다.

나는 그들에게 묻는다. 개나 소나 다 한다고 하찮게 여기는 그 일을 당신은 과연 해보기나 했는가? 되어보기는 해 보았는가?

결국, 그들은 초라한 자신의 모습은 들여다보지 못한 채, 그리고 그러한 자신의 모습을 성장시킬 생각은 하지도 않은 채 남이 잘되는 것에 시샘하고 참견하는 것이다. 나는 내 꿈을 고작 그러한 사람들의 생각과 말에 흔들려 무한한 가능성의 날개를 펼쳐보지도 못한 채 접어둘 필요는 없다고 생각한다. 그래서 그런 사람들의 말과 행동은 철저히 무시한다. 마음속으로 '그 입 다무시오!'를 외치며 말이다.

꿈을 이루어 나가기 위해서는 무엇보다 자기 자신과의 싸움에서 이길 준비가 되어 있어야 한다. 외부적인 방해요소들보다 내적으로 자신의 꿈을 방해하는 악마의 속삭임에 현혹되지 않는 것 또한 쉬운 일이 아니기 때문이다.

기존의 안정된 삶만 추구하고 편안한 삶만 살다가 새로운 일에 도전한다는 것은 분명 의미 있고 가슴 뛰는 일이다. 그러나 안타깝게도 많은 사람이 자기 자신과의 싸움에서 이기지 못하고 시도조차 하지 못하거나 중도에 포기하고 만다. 이는 자신의 가능성에 대한, 자신의 꿈에 대한 신념이 부족해서이다.

내면에서 일어나는 긍정과 부정의 줄다리기에서 긍정이 이기는 사람, 즉 자기 자신과의 싸움에서 이겨내는 사람은 어떤 부정적인 요소들이 방해해도 이겨낼 수 있다.

'나'란 존재를 움직이는 것은 다름 아닌 나의 생각이다. 내 생각에 대한 믿음이 확실하다면 그 어떠한 것이라도 내 생각을 절대 흔들지 못한다. 나는 그러한 생각들로 내면을 강화했고 부정적 요인들을 하나씩 차단하면서 나의 꿈을 성장시켜 나가는 중이다.

"어떤 분야든 자신이 최고라는 신념을 얼마나 철저히 믿느냐에 따라 삶의 질이 결정 된다."

−빈스 롬바르디

당신의 꿈은 당신을 새로운 인생길로 안내해줄 분명 가치가 있는 귀한 것이다. 꿈을 절대 그냥 놔두지 말고 최고의 꿈으로 키워보자. 이룰 수 있다는 강한 신념과 그 꿈을 방해하는 요소들에 흔들리지 않고 그것을 과감히 차단할 만한 단호한 뚝심과 인내심만 있으면 된다.

6

한 번뿐인 인생 포기만 하다 말 것인가

살면서 우리는 가끔 자신이 '왜 살고 있는지', '무엇 때문에 살고 있는지'의 이유도 잊은 채, 시간의 흐름 속에 모든 걸 맡기며 아무런 생각도 없이 살게 되는 경우가 있다. 남들처럼 아침이면 어김없이 일어나고, 그들처럼 직장에 가서 일과를 보내며, 퇴근 후엔 어김없이 집에 돌아와 잠자리에 든다.

매일 다람쥐 쳇바퀴 돌 듯 반복되는 일상 속에서 지칠 대로 지쳐 무언가는 따로 해보려 하지도, 아니 해 볼 엄두조차도 내지 못한다. 그러다 문득 그런 자신의 모습을 들여다보며 생각한다.

'내가 지금 뭐 하고 있는 거지?'

'제대로 사는 게 맞나?'

'이 생활은 도대체 언제까지 해야 하는 걸까?'

'왜 이러고 살아야 하지.'

'내가 어쩌다가 이렇게 됐지?'

그러나 이러한 생각도 잠시, 얼마 되지 않아 사람들은 같은 자리에서 그러한 자신과 또 마주하게 된다. 아마도 뚜렷한 계획과 목표가 생기지 않는 이상 그 생활은 사는 동안에 계속될 것이다.

많은 사람은 꿈을 꾸지 않는다. 사회가 만들어 놓은 틀 속에서 어떻게 하면 오래 버틸 수 있을까, 오래 살아남을 수 있을까 등에만 전념한다. 그런 사람들은 그 틀에서 벗어나면 큰일이라도 나는 듯, 사람들이 만들어 놓은 틀이 법이고 규칙이 된다.

꿈이 없는 사람들에게 지금의 틀은 그들의 전부가 될 수 있다. 그래서 오롯이 그 틀 안에서만 분주하게 움직이며 하루하루를 노심초사 아등바등하며 지낸다. 혹여 내 것을 타인에게 빼앗기지는 않을까, 누가 내 자리를 치고 올라오지는 않을까, 남이 나보다 앞서가지는 않을까 항상 걱정하며 위태위태한 자기 자리를 지켜내느라 가슴 졸인다. 빠듯한 수입에 꼬박꼬박 빠져나가는 카드 값이며, 각종 공과금 등 메꿔도 줄줄 새기만 하는 월급통장을 바라보며 한숨만 짓는다.

그들에게 행복은 하루하루 무사히 살아내는 것, 한 달 일한 대가로 받는 급여통장 바라보는 것(그나마도 열흘도 안 되어 바닥나는), 자신이 번 돈으로 가정에 보탬이 되는 것 등 지극히 평범하고 소박한 것들이 전부이다. 그렇다고 이러한 평범하고 소박한 삶을 결코 비하하는 것은 아니다. 단지 안타까울 뿐이다.

나는 묻고 싶다. 정녕 당신의 꿈은 없는 거냐고.

왜 자신의 원대한 꿈들은 송두리째 가슴속에 묻어두고 오롯이 남들이 정해 놓은 틀 속에서만 발버둥 치며 틀밖에 세상은 보려 하지 않는가. 어찌하여 남들이 정해놓은 틀에 맞춰 사느라 귀하고 귀한 자신의 꿈은 포기하며 사느냐 말이다.

물론 이유는 다들 있기 마련이다.

'자신에게 처한 현실 때문에.'
'다른 생각을 하고 살만큼의 여유가 없어서.'
'사는 게 각박해서.'
'남들 사는 대로 살지 않으면 잘못된 삶을 사는 것 같아서….'

그렇다. 취업난에 허덕이지 않으려면 주어진 자리에서 열심히 일해야 하고, 고물가 시대에 가족들과 의식주 해결하고 살려면 벌어야 한다. 밀려나지 않기 위해 치열하게 남들과 경쟁해야 하고, 세상 틀 밖으로 내몰리지 않으려면 그들처럼 살아야만 하는 게 지금의 현실이다. 비단 누구에게만 일어나는 일이 아닌 이 시대를 살아가는 현대인이라면 대부분 겪는 일이다.

그러나 아는가? 그 속에서도 어느 누군가는 다른 꿈을 꾸며 비전이 이끄는 삶을 살고 있다는 것을.

많은 사람이 틀 속에 갇혀 꿈을 포기하며 살고 있을 때, 다른 누군가는 틀 밖의 세상을 바라보고 자신의 꿈을 꾸며 산다. 많은 사람이 비슷한 삶을 살기 위해, 비슷한 스펙 쌓기에 열을 올릴 때 그들은 자신의 꿈을 계획하고 그것을 이루며 살고 있다. 같은 틀 안에 있지만, 어느 누군가는 그 틀 안에서 내내 발전 없이 멈춰 있고, 다른 누군가는 틀 밖에 있는 세상을 바라보며 매일매일 변화한다. 꿈이 있고 없고의 차이가 삶의 방향을 달리 움직이게 하는 것이다.

몇 해 전까지 만해도 내 삶의 방향에 대한 생각과 일상은 남들과 크게 다르지 않았다. 남들이 하는 공부, 취업, 결혼, 승진은 의뢰해야만 되는 과정이었고, 그 과정에서 해야 하는 생각 또한 그들과 별반 다를 게 없었다.

'어떻게 하면 시험 성적을 올릴 수 있을까?'
'어떻게 하면 좋은 직장에 취직할 수 있을까?'
'어떻게 하면 나의 연봉을 높일 수 있을까?'
'어떻게 하면 돈을 불려 내 집 장만을 할 수 있을까?'
'어떻게 하면 노후에 편히 살 수 있을까?'

항상 남들이 하는 틀에 박힌 고민을 나 또한 똑같이 해가며 그 틀 속에서 벗어나지 못하고 늘 그것에 매여 사느라 세상밖에 것은 포기하며 살았다. 그러나 그러한 삶이 진정 나를 위한 삶인가를 생각해 봤을 때 '아니다.' 라는 결론을 내린 나는 그동안 포기하며 살았던 나의 꿈을 하나씩 되찾기 시작했다. 남이 아닌 나의 인생을 살고 싶었다.

세상이 정해놓은 틀 속에 갇혀 사는 사람은 사는 이유도, 살아가야 할 이유도, 앞으로 살아갈 방향도 남들과 특별히 다르지 않다. 그들은 꿈이 없는 이상 앞으로도 그러할 것이다. 나만의 꿈과 목표가 없을 때에는 나 또한 그러했다. 그러나 이제는 아니다. 지금은 그들과 같은 자리에서 비슷한 삶을 사는 것처럼 보이겠지만 내가 가지고 있는 생각과 미래에 대한 방향은 그들과 확연히 다르다. 따라서 머지않은 미래에는 꿈 없이 바라보던 미래와는 전혀 다른 나의 미래가 펼쳐지리라 확신한다.

우리는 각기 다른 소명을 갖고 태어났다. 그러므로 자신의 소명대로 살아야 할 의무와 권리가 있다. 굳이 남들과 같은 삶을 사느라 자신의 인생을 소비할 필요는 없다는 것이다. 혹자는 자신과 다른 틀 밖의 세상을 꿈꾸는 사람들을 바라보며 비현실적인 사람 취급을 한다. 이상주의자라고 비난도 한다. 그러한 대부분의 사람은 꿈이 없는 사람, 꿈을 포기한 사람들이다. 즉 그런 사람들의 말과 행동에 끌려다니느라 아까운 여러분의 인생을 바칠 필요는 없다. 정작 꿈이 있는 사람, 성공한 사람들은 타인의 삶에 어떠한 비난이나 비판도 하지 않는다. 오히려 격려해주고 더 크게 성장할 수 있도록 비전을 제시하여 준다.

여러분에게 주어진 단 한 번뿐인 인생이다. 여러분은 사람들이 만들어 놓은 기준에 맞춰 사느라 오늘도 자신의 꿈은 포기한 채 지금 이대로 평범하게 남을 것인가, 비전을 위해 목적 있는 삶을 살 것인가. 선택은 여러분 자신에게 달려있다.

7
꿈의 크기만큼 자신감도 키워라

최근 미국 비누회사의 광고가 유튜브에서 화제가 된 적이 있다. 몽타주 전문가는 똑같은 여성의 초상화를 두 장씩 그린다. 한 장은 커튼 뒤의 여성이 자신에 대해 설명하는 말만 듣고, 다른 한 장은 그 여성과 처음 만난 타인의 말만 듣고 그림을 그린다. 그러나 놀랍게도 두 장의 그림은 전혀 다르게 그려졌다. 직접 자신에 대한 설명을 한 여성들은 자신의 단점만을 부각했다.

"턱이 도드라졌어요. 특히 웃을 땐 더 그래요."
"얼굴형이 크고 통통해요."
"저는 이마가 크다는 말을 자주 들었어요."

"주근깨가 많아요."

그러나 여성들을 처음 만나 잠깐의 대화를 나눈 타인의 생각은 달랐다.

"그녀는 턱이 예뻤어요. 가는 턱 이었죠."
"그녀는 눈이 참 예쁘고 이야기를 할 때 얼굴이 밝았어요."
"코가 귀여웠어요."
"파란 눈이 매력적이었어요. 예쁜 눈 이었죠."

자신의 얼굴이 완성된 두 장의 그림을 본 여성들은 말한다. 그동안 나 자신이 나에 대해 얼마나 인색하고 자신감이 없었는지를. 이 광고는 '당신은 당신이 생각하는 것보다 더 아름답다.'는 메시지를 담고 있다. 비단 얼굴뿐만이 아니다. 우리는 무슨 일을 함에 있어 '안 된다.', '할 수 없다.'고 생각하며 자신이 가진 내면의 능력과 재능을 감추고 절제한다. 자신감 결여이기도 하고 겸손이 미덕이라 생각해서이기도 하다.

"자신을 믿어라. 자신의 능력을 신뢰하라. 겸손하지만 합리적인 자신감 없이는 성공할 수도 행복할 수도 없다."

　　　　　　　　　　　　　　　　　　　　　　　　-노먼 빈센트 필

겸손은 타인에게 미덕이 될 수 있다. 그러나 꿈을 꾸고 그 목표를 이루어야 하는 자신에게는 결코 미덕이 될 수 없다. 자신을 한없이 작아지게 만들고 낮아지게만 할 뿐이다. 자신감을 갖고 자신이 할 수 있는 모든 것을 최대한 발휘해야 한다. 자신감 없이는 어떠한 꿈도 이룰 수 없다. 꿈은 자신이 가진 자신감으로부터 나오고 그 자신감으로 꿈이 이루어지기 때문이다.

똑같은 꿈을 갖고 있어도 자신감이 있는 사람과 없는 사람의 차이는 크다. 피겨여왕 김연아와 그의 라이벌 아사다 마오를 보면 알 수 있다. 그녀들은 같은 무대에서 서로 최고의 자리를 꿈꾼다. 그러나 최고의 자리는 어느 순간부터 김연아의 것이 되어버렸다.

나의 눈에 두 스케이터의 기량은 서로 비슷해 보인다. 그러나 한쪽은 항상 당당하고 자신감에 찬 모습으로 경기에 임하지만 다른 한쪽은 늘 무언가에 주눅이 들어있는 모습이 소심해 보이기까지 한다. 결국, 그러한 모습은 경기에 영향을 미치며 1등과 2등을 갈라놓는다.

2010년 밴쿠버 동계올림픽 때 김연아의 금메달은 아직도 그 감동이 남아있다. 쇼트경기에서 김연아보다 앞서 공연한 아사다 마오는 자신의 기량을 마음껏 발휘하고 자신의 최고 점수를 경신했다. 뒤에 나올 김연아로서는 부담될 수밖에 없었다. 그러나 김연아는 자신에 대한 자신감으로 경기에 임했고 앞서 경기한 아사다 마오의 점수를 뛰어넘었다.

이틀 뒤 프리경기에서는 김연아가 먼저 나오고 아사다 마오가 다음 순서였다. 김연아는 이날 경기에서 완벽에 가까운 연기를 펼치며 역대 최고의 점수를 받았다. 다음 순서로 나오는 아사다 마오는 어떠했을까. 무대에 오른 아사다 마오의 표정은 금새 그늘이 져 있었다. 자신의 연기를 무리 없이 끝냈지만, 왠지 부자연스럽고 딱딱해 보였다. 퍼펙트하게 마무리한 김연아의 연기를 보며 심리적인 부담감을 갖고 자신감을 잃은 결과라 보여 진다.

둘은 분명 금메달이라는 목표를 향해 그 자리에 섰다. 그리고 각자 최선을 다했다. 둘은 서로 우열을 가리기 힘들 정도의 비슷한 기량을 지니고 있다. 그러나 그 기량은 결정적인 순간에 마음껏 발휘하는 사람이 승리한다. 자신감은 바로 이때 승자와 패자의 자리를 가르는 중요한 역할을 하게 된다. 스스로에게 갖고 있는 자신감이 큰 김연아가 금메달의 주인공이 된 것처럼 말이다.

오리슨 S. 마든의 저서 『성공으로 가는 법칙』에 나오는 말이다.

강한 자신감을 지닌 사람들은 미래를 절대 두려워하지 않는다. 자신감은 고난의 천적일 뿐만 아니라, 가난한 자의 좋은 벗이자 최고의 재산이다. 무일푼이더라도 자신감만 있다면 기적을 이룰 수 있지만, 아무리 돈이 많아도 자신감이 없다면 거듭하여 실패를 맛볼 뿐이다. 자신감만 있다면 능력 이상의 것도 해낼 수 있지만, 자신감이 없다면 능력은 아무 것에도 쓸모가 없다. 남들이 일부러 버린 것을 기쁜 마음으로 주워들고는 만족스럽게 웃는다면 아무 일도 이룰 수 없다. 부와 명성이 자신의 것이 아니라고 확신한다면 평생 평범한 사람으로 남을 수밖에 없다.

인간은 마음가짐을 어떻게 갖느냐에 따라 인생이 바뀐다. 자신감이 없는 사람에게 가난은 스스로를 움츠러들게 하는 걸림돌이 될 수 있지만, 자신감이 있는 사람에게는 세상으로 나아갈 수 있는 디딤돌이 될 수 있다. 자신이 아무리 뛰어난 능력을 갖추고 있어도 자신감이 없는 사람은 그 능력을 세상에 내보일 수 없지만, 자신감이 있는 사람은 없던 능력도 만들어내 스스로 자신을 빛낸다.

자신감이 없는 사람은 자신의 꿈을 놓고도 갈등한다. '내가 과연 할 수 있을까?', '정말 내가 해낼 수 있을까?', '내가 그걸 어떻게…' 결국 부정적인 생각들만 머릿속을 채운 채 포기하고 만다. 그러나 할 수 없는 게, 못하는 게 아니라 '안 하는 것'이다. 분명 할 수 있는 일들임에도 불구하고 자신감이 없어 도전하지 않는 것이다. 혹시 지금 이 순간도 자신감이 없어 도전을 망설이거나 포기하고 있는가. 그렇다면 내면의 자신감을 채우는 일부터 시작해보자.

"여러분이 갖고 있는 꿈의 크기만큼, 아니 그 이상으로 자신감을 키워보라. 그 자신감은 자신의 꿈에 도전할 수 있는 용기를 줄 것이며 그 꿈을 이루는데 든든한 원동력이 되어 줄 것이다."

CHAPTER 4

도전하고
또
도전하라

인생은 도전의 연속이다.

도전 없는 성공은 없다.

"생각대로 살지 않으면
사는대로 생각하게 된다."

It is never too late to start

1
시시한 인생, 변화만이 답이다

"내 인생은 왜 이 모양일까?"
"내 삶은 특별한 것도 하나 없이 너무 평범해."
"하루하루 삶이 너무 따분하고 시시해."
"뭐, 좀 살맛 나는 일 좀 없을까?"

오늘도 특별한 것 없이 어제와 같은 오늘, 오늘과 같은 내일을 사는
사람들이 즐겨 사용하는 말이다. 지금 이 순간에도 사람들은 매일 같은
말만 되풀이할 뿐 근본적인 원인은 찾으려 하지도, 바꿔볼 생각도 하지
않는다. 매일 그늘진 인상에 한숨 섞인 넋두리만 늘어놓을 뿐 그들에게
는 어떠한 비전도 엿볼 수 없다.

조직생활을 하다 보면 다음과 같은 유형의 사람들과 마주하게 된다. 그것은 바로 안주형과 자기계발형이다. 그들의 특징을 살펴보면 각각의 차이를 느낄 수 있다.

◆ **안주형의 경우**
- 세상의 변화를 인지하지 못한다.
- 새로운 일에 대한 두려움이 앞서고 변화를 두려워한다.
- 현재의 삶에 안주하며 도전하는 삶에는 관심이 없다.
- 주변에서 변화의 조짐이 보이면 두려워하며, 그들의 변화를 저지하려는 데에만 혈안이 된다.

◆ **자기계발형의 경우**
- 남들보다 항상 앞선 생각을 하며 매사에 긍정적이고 열정적이다.
- 뚜렷한 목표가 있다.
- 미래에 대한 청사진이 확실하므로 항상 도전하는 삶을 산다.
- 자신을 성장시킬 수 있는 남다른 관점을 갖고 변화에 앞서간다.

안주형 사람들은 굳이 애써 찾지 않아도 직장 내에서도 흔하게 볼 수 있다. 우리가 만나고 함께하는 대부분의 사람이 아마도 안주하는 삶을 사는 사람들이 아닐까 싶다. 그들에게는 미래에 대한 희망도 없고 비전도 없다. 오롯이 자기의 자리에서 오래 버텨낼 수 있기만을 바란다. 거기에서 조금 발전해봐야 고작 승진이나 연봉인상의 바람이 전부이다.

현대인의 비애라고 해야 할까, 때로는 그러한 것에 목숨 걸고 일하느라 자신의 존재는 까맣게 잊고, 직장에 혹은 직장 상사에게 마음에도 없는 충성을 다한다. 자신이 변화하기에는 귀찮고 두렵지만, 외부적인 요인들로부터 자기의 자리만은 지키고 싶어 하는 본능적인 행동이다.

분명 이들에게도 꿈과 비전은 있다. 그러나 현실적인 부분에 너무 중점을 두다 보니 이상적인 부분에 대해서는 투자나 관심은 엄두조차 내지 못한다. 이런 사람들은 매일 밥벌이에 매달리느라 자신의 꿈은 너무도 쉽게 포기하고 내려놓는다. 당연히 늘어나는 건 세상과 자신에 대한 불평과 불만 뿐이다.

우리가 언제까지나 자신의 삶은 평범하고 시시하다며 불평만 늘어놓을 수만은 없다. 밥만 먹고 살 수 없듯 삶에 활력을 넣어 줄 꿈도 반드시 먹고 살아야 하는 이유이다.

변화는 자신의 삶에서 정말 중요한 것이 무엇인지를 알게 되는 순간 찾아온다고 했던가. 몇 년 전 나에게 찾아온 변화가 그러했다. 대부분의 사람이 그러하듯 나 또한 예외 없이 안주하는 삶을 살았었다. 새로운 환경이나 시스템을 거부했고, 변화나 도전에는 관심도 두지 않았다. 그러나 어느 순간 삶을 전반적으로 다시 되돌아보는 계기를 통해 내 삶에 정말 필요하고 중요한 것이 무엇인지를 알게 되었다. 그리고 그때부터 삶에 변화가 나타나기 시작했다. 한때 발전 없이 제자리에 머물러 있는 나의 모습을 들여다보며 했던 생각이다.

'지금 나는 무엇을 위해 살고 있는가?'

'앞으로 무엇을 위해 살 것인가?

'나의 미래를 어떻게 만들어 나갈 것인가?

'어떠한 사람이 될 것인가?

당시의 나는 내 삶에 대한 뚜렷한 목표가 없었다. 고작 목표라고 해봐야 남들도 다하는 그런 평범한 생각들이었다. '나 자신'이 주체가 아닌, 다른 사람이 주체가 되어 움직이는 삶에 조력자로서 해야 할 역할만 열심히 수행하며 살았다. 그리고 그러한 삶에 어떻게 하면 좀 더 충실한 삶을 살 수 있을까 만을 생각하고 고민했다.

물론 뒤에서 받쳐주고 보필하며 사는 삶도 그리 나쁘지는 않다. 그러나 그보다는 내가 꿈꾸던 일들을 하나씩 이뤄가며 '나'란 존재를 세상에 내놓아 보고 싶었다. 그러한 생각은 곧바로 나를 움직이게 하였고, 변화의 물꼬가 되어주었다.

얼마 전까지만 해도 나는 평범한 워킹맘에 불과했다. 그러나 언제까지나 평범한 여성, 평범한 직장인, 평범한 아내로 살고 싶지만은 않았다. 무엇보다 같은 생각을 하며 사는 사람들 속에서 발전 없이 머물러 있는 나를 발견하며 '더 이상 이대로 내 삶을 그냥 내버려 두어서는 안 되겠다.' 하는 생각이 변화의 시작이었다. 그동안의 나는 안정만을 추구하며 그 어떠한 일에도 움직이려 하지 않았었다. 하지만 변화하는 삶을 살면서부터는 세상을 바라보는 생각과 시선이 긍정적이고 의욕적으로 변했다.

사람마다 자신에 대한 기대치가 다르다. 남들이 보기에는 멋있는 직장, 높은 위치, 좋은 환경과 조건 등을 모두 갖추고 있기에 더 이상 부러울 게 없을 것 같은 사람들도 정작 자신들은 만족하지 못한다. 그들 또한 먹고 살기 위한 밥벌이의 수단일 뿐 그 이상도 그 이하도 아니기 때문이다. 그런 그들에게도 꿈은 따로 있기 마련이다. 그리고 그들도 나름 대로 기대치가 있기 때문에 끊임없이 꿈을 꾸고 성장한다.

내가 변화하는 삶을 살면서 알게 된 사람들은 누가 봐도 사회적으로 성공한 사람들이었다. 대학교수, 의사, 한의사, 기업의 CEO, 교사, 유치원 원장, 공기업 임원, 공무원, 각 분야의 최고 전문가 등 많은 사람의 부러움을 사는 직업을 갖고 있었다. 하지만 그들 또한 그 자리에 안주하지 않고 끊임없이 변화를 추구하며 자신의 미래를 꿈꾸고 도전하는 삶을 살고 있었다. 나는 그런 모습을 보며 '아! 저렇게 좋은 자리에 있는 사람들도 자신의 꿈에 목말라 하는구나!' 하는 것을 새삼 느낄 수 있었다.

현재에 안주하며 도전하는 삶을 회피하는 사람들에게 변화는 분명 두려운 존재이다. 그러나 언제까지 그 두려움을 피하고만 살 수는 없는 일이다. 평범한 삶, 시시한 일상들 속에서 벗어나고 싶다면 변화를 두려워하지 마라. 더는 이끌리는 삶이 아닌, 자신의 삶을 이끌어가는 미래의 모습을 상상하고, 그 미래를 위해 지금 어떠한 변화가 필요한지를 고민해 보라.

2

꿈은 늘 당신의 도전을 기다리고 있다

미국의 스티브 잡스 하면 떠오르는 단어는 단연 도전 아이콘이다. 항상 끊임없이 시도하고 도전하는 그의 도전정신은 누구라도 본받아야 할 만큼 대단하다. 영국의 리처드 브랜슨 또한 스티브 잡스에 버금가는 도전 아이콘이다.

영국의 순위 안에 드는 억만장자이자 버진 그룹의 회장이며 괴짜 CEO로도 유명한 리처드 브랜슨의 좌우명은 '일단 시도해 보자'이다. 항상 새로운 것에 끊임없이 도전하기를 좋아하는 그는 어릴 적 난독증 때문에 고등학교를 중퇴했다. 그러나 16세의 나이에 학생 잡지 『스튜던트』를 창간할 만큼 그는 자신에 대한 자신감과 도전정신이 강했다.

그는 1967년 버진 레코드를 시작으로 콜라, 웨딩드레스, 모바일, 책,

애니메이션, 호텔, 금융, 비행기, 기차, 우주여행 등 상상을 초월할 정도의 광범위한 사업영역을 확장한 것만 봐도 그의 도전정신이 어느 정도인지를 대략 가늠케 한다. 자신의 꿈과 열정에 솔직하며 가슴이 이끄는 삶을 사는 그는 도전을 통해 자신의 꿈을 실현하는 재미로 삶을 산다고 해도 과언이 아닐 정도이다. 열기구를 타고 세계 일주를 시도하는가 하면 초고속 보트를 타고 대서양 횡단에 도전하는 등 생명이 걸린 위험한 일임에도 불구하고 꿈 앞에서는 도전을 망설이지 않는다.

리처드 브랜슨은 『내가 상상하면 현실이 된다』의 저서를 통해서도 도전하는 삶을 살라고 조언한다.

"마냥 목표를 바라만 보고 있거나, 그 사이에 놓인 머나먼 길이나, 마주치게 될지도 모르는 수많은 위험만 생각하다 보면 한 발도 내딛지 못한다. 살면서 이루고 싶은 일이 무엇이든 시도하지 않고 노력하지 않으면 결코 목표하는 곳까지 다다를 수 없다. 바로 지금 그 첫발을 내딛어라. 수많은 도전이 기다리고 있을 것이다. 도중엔 뒤로 물러서야 할 때도 있겠지만, 최후에는 반드시 성공할 것이다."

누구에게나 꿈은 있다. 하고 싶은 일, 되었으면 하는 일, 소유하고 싶은 물건, 만나고 싶은 사람 등 사람이라면 최소 한 가지 이상의 꿈을 갖고 살아가기 마련이다.

꿈은 각자의 마음속에 고이 모셔두고 있는 사람이 있지만, 자신의 꿈을 당당하게 세상에 선포하고 그 꿈을 이루며 사는 사람도 있다.

불과 몇 년 전까지만 해도 나는 꿈에 도전하기보다는 마음속에 고이 모셔두는 편에 속했다. 꿈에 대한 절실함이 부족해서이기도 했지만, 무엇보다 두려움이 많아서였다.

혹여나 직장이나 가정에 소홀해지는 않을까 하는 두려움, 무리한 도전으로 건강에 지장이 생기지는 않을까 하는 두려움, 한푼 두푼 젊어서 모아도 시원찮을 판에 배움에 들여야 하는 경제적 부담감에 대한 두려움, 시기와 질투의 따가운 시선에 맞설 수 있을까 하는 두려움 등 온통 꿈에 도전하지 못하는 이유뿐이었다. 그렇게 은연중 자기 합리화를 시켜가며 머물러 있는 삶을 살고 있었다.

그러나 꿈이 나에게 노크하는 소리가 점점 커지고 횟수가 잦아지면서 더 이상 외면해서는 안 되겠다는 생각을 하게 되었다. 남들은 무모한 도전이라 쓴소리를 함에도 생각이 이끄는 대로, 가슴이 시키는 대로 세상에 도전장을 내밀게 된 것이다.

비단 도전하는 삶을 두려워하거나, 망설이는 사람은 예전의 '나' 뿐만이 아닐 것이다. 당장 주변을 둘러봐도 얼마든지 찾아볼 수 있다. 현재의 삶에 안주하며, 매일 시계추처럼 한 치의 오차도 없이 정해진 삶을 사는 사람들, 다람쥐 쳇바퀴 돌 듯 같은 자리에서만 맴도는 사람들, 우물 밖 세상에는 관심도 없이 오롯이 우물 안에서만 버텨내느라 안간힘을 쓰는 사람들. 평범한 사람들의 일상생활이나 다름없으므로 늘 보고 겪는 일들이다.

그런 사람들의 공통점은 매일 살아내느라 힘은 들지만, 보람이나 즐거움은 찾아볼 수 없다는 것이다. 왜? 내가 하고 싶은 일이 아닌 해야만 하는 일을 하고 있기 때문에. 자신의 행복한 삶을 위함이 아닌, 남처럼 살기 위한 삶을 사는 것이기 때문에. 내가 주체가 아닌, 다른 사람이 주체가 되어 그들에 의해 움직여지는 삶을 살아가고 있기 때문에.

안타까운 것은 많은 사람이 그런 자신의 모습을 들여다보지 못한다는 것이다. 삶의 여유가 없다보니 머물러 있는 자신을 발견 하기는커녕, 꿈조차 꾸지 못하고 포기하는 것이다. 그런 사람들은 자신이 의도적으로 여유를 갖고자 노력하지 않는 한, 늘 같은 자리에 머물러 있는 자신의 삶에 만족해야 할 것이다.

우물 밖의 세상에 과감히 도전장을 내민 사람들의 삶은 하루하루가 축제이며 도전이다. 매일 도전의 즐거움으로 축제의 삶을 사는 사람들은 말한다.

"꿈을 꾸고 그 꿈에 도전하기 시작하면서 의식 수준이 서서히 변하기 시작했고, 그러다 보니 어느새 주변인들 또한 자연스럽게 비슷한 수준의 사람들로 채워지게 됐다."

도전하는 삶을 살면서 내가 알게 된 사람들 또한 평범한 삶을 사는듯 하면서도 그 속에서 나름대로 자신의 꿈을 찾아 도전하는 삶을 사는 사람들이다. 그들도 예전의 나처럼 꿈에 대한 망설임과 두려움으로 방황하던 시기가 있었고, 누구나 그러하듯 그들 또한 나름대로 말하지 못할 아픔들을 가진 평범한 사람들이었다. 그러나 누구보다 앞서 도전하는 삶을 살며, 당당하고 자신감 넘치게 변화하는 그들을 보면서 '아, 도전이란 것은 삶의 활력소이자, 미래에 대한 청사진이구나!' 하는 생각을 새삼 또한 번 하게 되었다.

도전하는 삶은 즐겁다. 남들과 같으면서도 왠지 모르게 조금은 다른 특별한 삶을 살고 있다는 자체만으로도 즐겁고 행복하다. 도전하는 삶은 긍정에너지를 자체적으로 발산하게 한다. 미래에 대한 상상만으로도 이미 다 이루어진 것 같은 느낌에 도전하는 삶은 의미가 있다. 도전하는 삶은 미래에 대한 준비이다. 여러분의 도전은 머지않은 미래에 곧 그대로 이루어진다. 지금의 자신의 모습을 비쳐 미래를 내다 볼 수 있다.

"생각대로 살지 않으면 사는대로 생각하게 된다." 라는 말이 있다. 지금 내 주변에도 두 부류의 사람들이 존재한다. 사는대로 생각하는 사람, 생각대로 가슴 뛰는 삶을 사는 사람. 사는대로 생각하는 사람은 살면서 끊임없이 자기 합리화에 도취한다. 당연히 가슴 뛰는 도전이나 변화는 기대할 수 없다. 미래 또한 뻔히 내다보는 길을 가게 된다.

반면, 생각대로 가슴 뛰는 삶을 사는 사람은 늘 열정이 식지 않는다. 도전 앞에 두려움 대신 설렘으로 다가가고, 망설임 대신 실천으로 자신의 삶을 변화시킨다. 생각이 이끄는 삶을 살며 자신의 미래를 스스로 만들어 나가는 것이다.

아직도 마음의 문을 열지 못한 채, 또 의식 수준을 높이지 못한 채 망설임과 포기하는 삶을 살고 있다면, 당신의 마음에 귀를 기울여 보라. 꿈이 당신의 가슴에 노크하는 소리가 들리지 않는가?

이미 당신은 도전할 준비가 되어 있다. 단지 도전을 미루고 있었을 뿐이다. 펄떡펄떡 뛰는 당신의 심장 뛰는 두근댐을 느껴보라. 분명 당신에게도 꿈은 있다. 성장하고 싶다면 더 이상 지체하지 말고 도전하라. 도전하지 않는 꿈은 더는 꿈이 아님을 기억하라. 꿈은 지금 이 시간에도 당신의 도전을 기다리고 있다.

3
"그 나이에 무슨 공부야!"

살면서 우리가 평생 하며 살아야 할 것 중 하나가 바로 공부라고 한다. 평생교육 시대에 사는 우리는 급변하는 시대 속에서 살아남기 위해 자기만의 재능을 계발하고 자신의 능력을 개발시키기에 오늘도 배움에 여념이 없다.

그러한 그들의 주된 목적은 안정된 직장생활과 밥벌이가 대부분이다. 하지만 그나마도 하지 않는 사람들이 많다. 그런 사람들은 아마도 머지 않은 훗날에 안정된 직장생활과 밥벌이를 위해 치열하게 공부하는 사람들에 밀려 사회에서 그들의 치다꺼리나 해주는 사람으로 전락하여 있을지도 모른다. 마음이 불편했다면 미안하다. 그러나 그보다는 주변을 둘러보고 현실을 직시하라는 조언 정도로 받아들였으면 한다.

나는 이왕 하는 공부 자신을 위한 공부를 하라 말하고 싶다. 학창 시절 지겹게 한 공부를 또 해야 한다며 절레절레 고개를 저으며 표정이 굳어지는 사람도 분명 있을 것이다. 그러나 우리가 학창 시절에 한 공부는 나 자신을 위한 공부가 아니었다. 그저 남들도 하니까 했고, 안 하면 정해진 코스에서 탈락할까 두려워한 공부였다. 나를 위한 공부라기보다는 남들 하니까 어쩔 수 없이 따라 한 공부이다.

그렇기에 공부의 목적 또한 남들과 같은, 좋은 대학으로의 진학 또는 좋은 직장에 취직하기 위한 것이 전부였다. 당연히 공부에 대한 재미를 느끼지 못했을 것이다.

그러나 나 자신을 위한 공부는 다르다는 것을 말해 주고 싶다. 내가 하고 싶은 공부, 내가 원하는 공부를 하게 되면 더 이상 공부는 표정을 굳게 만들고 도리질하게 만드는 딱딱한 단어의 차원을 넘어설 것이다. 나 자신을 위한 공부는 즐거움이며, 기쁨이고, 행복이며, 생활의 활력소가 되어줄 것이 분명하다.

"배우고 때때로 익히면 즐겁지 아니한가?"

-공자

배운다는 것은 즐겁고 행복한 일이다. 배움을 통해 자신을 알아가고, 자신을 알아감으로써 자신이 바라는 미래를 계획할 수 있기 때문이다. 내가 여러분께 바라는 것도 바로 이러한 공부이다.

나는 어려서부터 조용하고 내성적인 성격이었다. 그래서 학교 다닐 때 받은 생활통지표의 선생님 의견란에는 꼬리표처럼 늘 따라다니는 말이 있었다.

"이 학생은 평소 말이 없고 조용하며….'

수업시간은 물론이고 쉬는 시간 또한 소리 내어 놀아본 적이 없을 정도로 말이 없어, 있는지 없는지도 모를 정도로 존재감이 없는 학생이었다. 그런 모습과는 달리 나의 내면은 언제부터인가 배움에 대한 열정이 이글이글 타올라 지금은 배움이 내 삶의 낙이고 삶의 충전이 될 정도이다. 이런 내 모습을 보면서 주변의 반응은 두 가지이다.

먼저 긍정적인 반응이다.

"열심히 사는 모습 정말 보기 좋다."
"항상 무언가를 열심히 하는 선희 씨를 보면 참 부럽고 본받아야겠다는 생각을 하게 돼."
"선희 씨 열정은 누구도 못 따라 잡을 거 같아, 선희 씨를 보면 항상 자극받게 되고 나를 되돌아볼 수 있는 계기가 되는 거 같아."

반면 부정적인 반응은 이렇다.

"그 나이에 무슨 공부야!"
"공부는 해서 뭐하려고?"

"직장생활이나 열심히 하고 애들이나 잘 키우지. 앞으로 애들 키우려면 돈이 얼마나 들어가는지 알기나 해? 공부하는데 시간 낭비, 돈 낭비하지 말고 적당히 해!"

나의 배움에 긍정적인 에너지를 주는 사람들에게는 항상 고맙고 감사하다. 그래서 그분들께 늘 감사의 마음을 잊지 않으려 노력한다. 그러나 부정적인 표현으로 나의 배움을 방해하는 사람들에게는 그들 입장에서 나름 조언이라고 해준 거로 생각하며 애써 억지웃음만 지을 뿐 나의 씁쓸한 속마음은 차마 표현하지 못한다. 지면을 통해 나의 속마음을 밝히자면 이렇다.

'당신은 진정 자신이 원하는 공부를 해보지 않으셨군요! 배움을 통해 그 기분을 누려보지 않은 사람이라면 제가 누리는 기쁨이 어느 정도인지를 당신은 감히 가늠하지 못할 겁니다. 저는 배움을 통해 제 삶을 변화시키고 발전시키며 매일 성장하고 있습니다. 반면 당신은 제자리에 머물러 있는 것이고요. 그 삶에 만족하신다면 그대로 사셔도 저는 상관하지 않겠습니다. 다만 저의 꿈을 방해만 하지 말아주세요.'

얼마 전 TV를 통해 알게 된 시 한 편을 소개한다.

《내 기분》

옆집 할망구가
가방 들고 학교 간다고 놀린다.
지는 이름도 못 쓰면서.
나는 이름도 쓸 줄 알고,
버스도 안 물어보고 탄다.
"이 기분 니는 모르제?"

국가평생교육진흥원이 전국의 성인 문해 학습자를 대상으로 한 시화 작품전에 응모해 당당히 장려상을 받으면서 화제가 된 이 시의 주인공은 경남 하동군 진교면에 사시는 강달막 할머니이다. 올해로 84살의 강 달막 할머니는 팔순이 넘는 나이까지 한글을 모르고 사셨다. 그러다가 제 작년 하동군이 마련한 진교면 성인 문해 교실에 다니며 글을 배우셨다고 한다.

갓 입학한 초등학생처럼 순수함이 묻어나는 그림과 삐뚤지만 정성스 레 쓴 시는 할머니의 배움에 대한 기쁨과 행복을 오롯이 도화지 한 장에 담아냈다 해도 과언이 아니다. 누가 봐도 할머니의 시화는 할머니가 배 움을 통해 얼마만큼의 기쁨과 성취감을 느끼고 있는지 그대로 들여다볼 수 있게 해준다.

할머니의 시를 보는 순간 나는 내 주변의 부정적 편견을 가진 사람들 이 생각났다. "이 기분 니는 모르제?" 딱 내가 그들에게 해주고 싶은 말이었기 때문이다.

배움에 늦은 때란 절대 존재하지 않는다. 이미 학창 시절을 통해 재미없이, 지겹게 한 공부는 더 이상 당신의 미래를 보장해 주지 않는다. 과거에 당신이 지겹도록 한 공부는 지금 당신이 있는 자리에 있기까지의 역할만으로도 이미 충분한 몫을 해주었다. 지금 당신의 자리에 충분히 만족하고 앞으로도 문제없다고 생각한다면 모를까 그렇지 않다면 자신이 원하는 것을 찾아 그것을 배우고 공부해야 한다.

설마 여러분도 "이 나이에 무슨 공부야!" 하는 생각을 하고 있는가?

앞서 소개한 강 달막 할머니는 올해 나이 84세. 반면 나의 올해 나이는 39세. 내 인생은 아직 할머니 인생의 반도 채 살지 않았다. 여든이 넘은 할머니도 당신의 남은 생을 멋지게 살기 위해 배움을 택하셨다. 그런데 고작 마흔도 안 된 나를 포함한 여러분들이 어찌 감히 "이 나이에 무슨 공부야!"라는 말을 거침없이 내 뱉을 수 있단 말인가.

여러분은 강 달막 할머니께서 여든이 넘어서야 느낀 배움의 기쁨을 더 많이 느끼고 누릴 수 있는 시간과 여유가 있다. 감사한 일이 아닐 수 없다. 나는 여러분이 앞으로는 어쩔 수 없이 하는 스펙 쌓기식 공부가 아닌, 진정 자신의 꿈과 성공을 위해 '나 자신을 위한 기쁘고 설레는 가슴 뛰는 공부를 하라!' 고 권하고 싶다. 또한 앞으로의 삶은 배움으로 인해 성장하고 발전해 나갈 수 있기를 진심으로 바라본다.

과거에 머물러 있지 않는다.

현재에 안주하지 않는다.

미래를 계획한다.

4
과거, 현재, 미래가 공존하는 '지금 이 순간'

어릴 적 나는 평범하게 사는 게 꿈이었다. 그랬더니 어느 순간 내가 원하던 대로 평범한 사람이 되어있었다. 과거의 꿈이 현재의 모습으로 나타난 것이다. 이렇듯 내가 이러한 현재의 삶에 만족하고 미래의 삶 또한 평범한 삶을 추구하며 살았더라면 지금의 나는 분명 평범한 여성 직장인 정도에 머물러있었을 것이다. 그러나 앞서 여러 차례 말해왔듯 나는 어느 순간 머물러 있는 평범한 내 삶에 회의를 갖기 시작했다. 그래서 내 삶에 변화를 주고자 꿈을 갖고 그 꿈을 향한 도전도 시작했다. 이러한 생각은 분명 머지않은 미래의 내 삶에 평범함이 아닌 특별한 선물을 선사 받을 거라 확신했기 때문이다.

사람들은 자신의 미래 모습에 대해 궁금해한다. 여러분 또한 자신의 미래 모습에 대해 궁금하지 않은가? 답은 간단하다. 지금 자신이 하는 생각이 무엇인지를 생각해보면 된다. '미래의 나'를 유추해 보는데 그만한 것 이상은 없다. 과거의 생각이 지금의 여러분을 지금 이 자리에 있게 했듯, 지금 여러분이 하는 현재의 생각은 분명 자신의 미래가 된다.

현재 아무런 비전도 없이 하루하루에 만족하며 사는 사람은 앞으로의 미래 또한 기대할 수 없다. 그러나 미래에 대한 자신의 비전과 목표가 명확한 사람은 분명 미래에 그 비전과 목표대로 된다.

얼마 전까지만 해도 평범한 워킹맘으로서의 삶을 살았던 내가 글을 쓰는 작가가 되고, 누군가에게 꿈과 희망을 주며, 동기를 부여 유발하는 사람이 될 수 있었던 것은 현재의 생각을 바꾸면서부터였다. 미래에 반드시 작가가 되어야겠다는 현재의 생각이 나를 작가의 길로 이끌었고, 그 미래가 지금의 현실이 되어 작가로서의 삶을 살고 있는 것이다. 꿈 너머 또 다른 꿈을 꾸고 있는 현재의 나는 작가로 사는 삶에 안주하지 않고, 더 큰 비전을 세우고 그 꿈을 향해 열심히 씨앗을 뿌리고 가꾸는 중이다. 그리고 이러한 현재의 내 생각과 노력은 머지않은 미래에 그대로 이루어질 거라 확신한다.

"믿는 대로 그대로 된다."라는 말이 있듯 요즘의 나는 온전히 나 자신과 나의 꿈을 믿는다. 그러기 위해서는 '지금 이 순간' 현재의 삶에 최선을 다해야 함은 두말할 필요가 없다. 다음은 '지금 이 순간'을 최고의 순간으로 만들기 위해 내가 하고 있는 방법이다.

과거에 머물러 있지 않는다.

　과거의 나는 자존감이 낮았다. 넉넉지 못한 가정형편 때문에 요즘 흔히들 하는 석·박사 과정은 뒤로하더라도 이렇다 하게 내밀 만한 명문대 출신도 아니었다. 게다가 내세울 만한 전문적인 스펙도 없다 보니 자연스레 움츠러들고 일을 하면서 항상 자신감도 결여되었다. 나 자신도 모르게 과거에 끌려다니며 사느라 스스로 위축되고 당당하지 못했다. 그러나 그러한 것들은 세상이 만들어 놓은 기준에 불과할 뿐이었다. 미래의 나를 성장시키는 데에는 아무런 도움도 되지 않았다. 그것을 뒤늦게야 깨달은 나는 더 이상 과거에 머물러있지 않는다. 나의 삶을 변화시켜 줄 현재와 미래만 볼 뿐이다. 한때 소위 말하는 '과거에 잘나가던 사람' 들의 삶을 보면 그다지 부러워할 만한 것도 없다. 과거 속에 빠져 사느라 정작 앞으로의 날들에 대해서는 아무런 생각도 없이 사는 사람들이 부지기수이기 때문이다.

현재에 안주하지 않는다.

　현재의 안주는 미래의 도태를 뜻한다. 지금의 안정이 영원할 수 없다는 것과 같다. 남들은 뛰고 날고 하는데 정작 자신은 머물러 있는 삶에 만족하며 걷는 일조차도 하지 않는다면 머지않아 뒤처지는 삶을 살아갈 수밖에 없다. 그러나 사람들은 그것을 잘 인식하지 못한다. 세상은 변해 가고 있는데 그 변화를 감지하지 못한 채 머물러 있다가 어느 순간 저만치 뒤처져 허우적대고 있는 자신의 모습을 보는 일은 그리 머지않은 미래의 일이 될 수도 있다.

미래를 계획한다.

　과거의 나는 미래를 계획하거나 내다보지 않았다. 그저 세월의 흐름 속에 나를 맡긴 채 세상이 흘러가는 대로 그 기준에 맞춰 사는 일에만 열중했다. 그러나 삶의 가치기준을 바꾸면서부터는 미래를 설계하고 그 계획대로 현재를 이끌어가며 산다. 이제는 그 계획에 맞는 실천을 하며 사는 삶이 생활의 일부분이 되었다.

　과거의 생각이 현재를 이끌어주었듯, 현재의 생각은 미래를 이끌어 갈 것이다. 이렇듯 과거, 현재, 미래는 각각 별개의 것이 아니다. 서로 하나의 끈으로 연결되어 있다. 그 끈의 중심에는 항상 '지금 이 순간'이 존재한다. 지금 이 순간을 헛되이 살면 후회로 남는 과거가 존재하게 된다. 미래 또한 기대되지 않는다. 그러나 지금 이 순간 비전과 함께 최고의 삶을 산다면, 스스로 만족스러운 과거, 자랑하고 싶은 과거가 존재하게 될 것이다. 미래 또한 비전을 이루며 사는 최고의 삶을 영위하게 된다.

　스펜서 존슨의 저서 『선물』에 나오는 말이다.

　"세상에서 가장 소중한 선물은
　과거도 아니고 미래도 아니다.
　세상에서 가장 소중한 선물은
　바로 현재의 순간이다.
　세상에서 가장 소중한 선물은
　바로 지금이다!"

우리는 매일 소중한 선물을 선사 받고 있다. 그 선물을 어디에, 어떻게 사용하는지는 각자에게 달려있다. 지금 이 순간이 지나면 절대 되돌릴 수 없음은 굳이 강조하지 않아도 알 것이다. 매 순간순간에 열정을 쏟아보자. 지금 이 순간은 어제의 미래였으며, 내일의 과거가 된다. 즉 과거, 현재, 미래가 공존하는 '지금 이 순간'에 최선을 다해야만 우리의 삶 또한 최고로 빛날 수 있다.

5
평범한 노력보다는 특별한 노력을 하라

평범한 사람들은 평범한 노력을 한다. 남들 공부할 때 똑같은 공부를 하고, 남들 일할 때 그들 또한 일하며, 남들 쉴 때 그들도 쉰다. 그들은 자신을 소개할 때도 항상 이렇게 말한다.

"저는 S 대학교 재학 중인 아무개입니다"
"저는 A 회사에 근무하는 아무개 과장입니다."
"저는 홍길동의 아빠(엄마) 아무개입니다"

혹은

"평범한 학생입니다."
"평범한 직장인입니다."
"평범한 가정의 가장(주부)입니다."

대부분의 사람은 '어디 소속 누구', 혹은 '평범함'이라는 단어를 빼면 오롯이 자신을 나타낼만한 뚜렷한 무언가가 없다는 불편한 진실을 깨닫지 못한다.

그러나 지금 이 순간 자기계발서를 읽고 있는 여러분은 분명 평범함을 추구하는 삶에서 벗어나고자 갈망하거나 평범함을 거부하고자 하는 사람들이다. 그렇다면 여러분은 평범한 사람들이 하는 평범한 노력을 해서는 평범함에서 벗어나지 못한다는 사실을 깨달아야 한다.

다음은 각종 모임이나 여러 교육기관에서 자기소개 시간 때 내가 말한 과거의 나의 소개이다.

"안녕하세요, 저는 D 회사 재경팀에 근무 중인 표선희입니다."
"인천에서 살고 있으며, 두 아이를 둔 평범한 워킹맘입니다."

지극히 평범함을 추구하고, 평범한 삶을 살았던 나는 어느 순간 평범함이 싫어지기 시작했다. 그래서 평범함을 거부하고 무언가 특별한 삶을 살고자 꿈을 찾는 일부터 시작했다. 그리고 나는 평범한 노력이 아닌 특별한 노력을 시작했다.

남들 일할 때 나도 일은 했지만, 남들은 안 꾸는 꿈을 꾸었고, 남들은 똑같은 공부에 매달려 스펙 쌓기에 여념 없을 때 나는 내 꿈을 위한 분야에 도전했다. 또 남들은 놀고 마시고 즐길 때 나는 나의 꿈을 위한 공부를 하며 그것을 즐겼다.

그리고 중요한 한 가지.

남들은 평범한 사람들을 가까이할 때 나는 최고를 만나기 위해 노력했다.

옛말에, 비슷한 사람끼리 어울린다는 말뜻으로 '그 사람을 보면 그 주변 사람을 알 수 있다' 는 말이 있다. 이렇듯 평범한 사람들 주변에는 평범한 사람들이 많다. 실패한 사람들 주변에는 실패한 사람들만 있으며, 성공한 사람들 주변에는 성공한 사람들로 북적인다.

예전에 내 주변에는 최고가 된 사람은커녕 온통 부정적이고 꿈이 없는 사람들로만 가득했다. 그리고 그들과 어울리는 나 또한 이렇다 할 꿈이 없었다. 그러나 평범함이 싫었던 나는 의식적으로 특별한 삶을 살기 위해 노력했고, 그로 인해 지금 내 주변에는 온통 꿈을 꾸고, 꿈을 이루며 살고자 하는 성공자의 마인드를 한 사람들로 가득하다. 그렇게 그들과 어울리다 보니 지금은 각 분야의 최고도 알게 되고 자연스럽게 그들에게서 동기부여도 받고 있다.

이렇게 특별한 생각과 특별한 노력을 한 나에게 세상은 최고를 끌어다 주고 있으며 나는 그들을 통해 최고가 되는 방법을 배워 나가고 있다.

작년 12월, 천안에 사는 친한 지인이 합창대회가 있다고 하여 서울 양재동에 위치한 교육문화회관으로 응원을 간 적이 있다.

참가한 팀의 노래 실력은 거의 비슷한 수준으로써 모두 좋은 하모니를 선보여줬다. 그러나 그중에서도 유독 눈에 띄는 팀이 있었다. 바로 내가 응원 간 천안지역 팀이었다.

나름대로 객관적인 시각으로 판단한다고 했어도 주관적인 생각을 안할 수는 없었다. 그러나 아무리 생각해도 그 팀은 무언가 달라도 확실히 달라 보였다.

합창대회의 기본인 노래 실력은 물론이고 반주, 지휘, 입장, 퇴장, 무대매너, 무대의상, 무대 인원배치, 팀원들 표정 하나까지도 모두 섬세하고 완벽했다. 지인은 올해 처음 참가하는 대회라 경험이 부족하다며 걱정했지만, 그들은 프로처럼 잘해냈고 결과 또한 좋았다. 순간 나는 그들의 무대를 통해 왠지 모르게 최고의 손길을 느낄 수 있었다. 아니나 다를까 그들은 그 분야 최고의 전문가를 모셔와 최고의 코치를 받음으로써 최고의 자리에 오른 것이다.

그들의 지휘를 맡은 지휘자는 다름 아닌 작년에 받은 대상 팀을 이끌었던 지휘자였다고 한다. 그들은 그 지휘자 선생님을 모셔오기 위해 특별한 노력을 했고, 결국 최고와 함께함으로써 최고를 얻은 것이다.

첫 무대에 오른 그들을 보면서 잘했음에도 불구하고 혹여나 '첫 팀이라 심사에 불리하게 작용하지는 않을까' 하는 염려를 하고 있었지만 그러한 나의 염려도 무색하게 그 팀은 영예의 대상을 받고 말았다.

최고의 자리에 오른 사람들은 이미 최고를 경험했기 때문에 어떻게 해야 그 자리에 오를 수 있는지의 방법 또한 잘 알고 있다. 그래서 그 진리를 아는 사람들은 자신이 원하는 분야의 최고의 전문가를 찾기 위해 부단히도 애를 쓴다.

피겨여왕 김연아 선수나, 마린보이 박태환 선수를 비롯한 여러 운동선수나 운동팀이 최고의 감독과 최고의 코치를 영입하는 이유도 바로 그 때문이다.

앞에서 소개한 준오헤어의 강윤선 대표 또한 최고가 되기 위해서는 최고에게 배워야 함을 알고 평범한 미용기술자가 아닌 최고의 미용아티스트를 만나기 위해 특별한 결정을 했었다.

과거의 그녀는 선배들에게 미용기술을 배우며 그 분야의 최고를 꿈꾸었다. 그리고 미래에 그녀와 함께하게 될 직원들과 그녀가 운영하게 될 미용실을 최고로 만들기 위해 평범한 선택이 아닌 특별한 선택을 하게 된다. 바로 그 분야의 세계 최고인 비달 사순을 택한 것이다.

그녀는 '최고가 되려면 최고에게 배워야 한다.'는 신념하에 남편 몰래 아파트를 팔아 비달 사순에게 가서 최고의 것을 배워오는 평범한 노력이 아닌 특별한 노력을 한다. 역시 그녀의 선택은 탁월했다. 비록 아파트 한 채는 사라졌지만, 지금은 그 이상의 것을 얻었고 '강윤선'이라는 사람은 그 분야의 최고가 되었으며, 그녀가 운영하고 있는 준오헤어 역시 최고가 되었음을 알 수 있기 때문이다.

우리 주변에는 아직도 평범하게 노력하는 사람들 속에서 그들과 견주기 위해 그들이 하는 똑같은 노력을 하며 산다. 그래서 육체적으로 에너지를 소모하고, 정신적으로 스트레스를 받으며 아까운 시간만 낭비하고 있다.

결코, 평범한 사람들이 하는 똑같은 생각과 그들이 하는 노력을 그대로 따라 해서는 그들보다 나아질 수 없다. 그들보다 한 단계 성장해 있는 사람들을 만나고 그들과 가까이해야 사고도 확장되고, 의식 수준도 달라진다. 즉, 당신의 꿈과 성공을 위해서는 평범한 사람들이 하는 평범한 노력보다는 그들이 하고 있지 않은 특별한 노력을 해야만 자신이 원하는 최고의 자리에 오를 수 있음을 명심해야 한다.

It is never too late to start

6

망설이는 삶은 언제나 그 자리다

당신 앞에는 어떠한 장애물도 없다.
망설이는 태도가 가장 큰 장애물이다.
결심을 가지면 드디어 길이 열리고,
현실은 새로운 국면으로 접어든다.

－러셀

"내가 과연 해도 될까?"
"아직은 때가 아닌 거 같아!"
"3년 후, 5년 후에나 시작해봐야지."
"아이들 좀 웬만큼 크고 나면."

"여유가 좀 생기면."

"자리 좀 잡히면."

'피하려는 사람에게는 핑계가 보이고, 도전하려는 사람에게는 방법이 보인다.'

우리는 무슨 일을 함에 있어 항상 선택의 순간과 마주하게 된다. 그 선택은 내가 하고 싶은 일인가, 아닌가의 생각에 따라 결과의 차이를 가져온다. 즉, 할 수 있는 일인가, 할 수 없는 일인가의 판단은 자기의 생각과 의지에 달려있다.

내가 하고 싶은 일, 하고자 하는 일에는 무슨 일이 있어도 해야겠다는 간절함이 있기 때문에 수단과 방법을 찾아낸다. 그러나 내가 별로 하고 싶지 않은 일, 피하고 싶은 일에는 온갖 핑계와 변명거리가 따라다닌다.

꿈도 마찬가지이다. 자신에게 꿈이 간절하거나, 도전의 즐거움을 아는 사람들은 어떠한 여건과 환경에서도 자신의 꿈을 이루려는 방법을 찾아내고 그것에 도전한다. 그러나 꿈에 대한 간절함이 덜하거나, 혹은 자신에게 처한 여건과 환경을 이유로 애써 자신의 꿈을 피하려 하는 사람들에게는 온통 변명과 핑곗거리만 보이게 마련이다.

현재 여러분은 자신의 꿈을 두고 핑계를 찾는 중인가, 방법을 찾고 있는 중인가? 아마도 여러 가지 상황들 때문에 방법보다는 핑계를 찾는 사람들이 많을 것이다.

취업 포털 사이트 인크루트에서 직장인을 상대로 한 조사 결과에 따르면 우리나라 직장인 중 74.1%가 자신의 꿈을 포기하며 사는 것으로 나타났다. 그들이 자신의 꿈을 포기하며 사는 가장 큰 이유로는 생활비, 자녀 양육비 등의 경제적 이유가 가장 높았다. 그리고 낮은 성공률, 가족의 만류 등의 순으로 나타났다. 그럼에도 불구하고 기회가 주어진다면 꿈을 향해 도전할 의지가 있는지의 여부를 묻는 조사에서는 91.5%가 '그렇다'고 답했다.

나는 이러한 조사결과를 보며 현실을 거부하지 못하고 살 수밖에 없는 우리나라 직장인들의 삶이 같은 직장인으로서 너무나 안타까웠다. 결국, 우리에게 주어진 혹은 처한 여러 가지 환경요소들 때문에 많은 사람들이 자신의 꿈을 오로지 밥벌이의 삶에 내어주며 살고 있기 때문이다.

한참 일해야 할 나이에, 한참 벌어야 할 나이에 선뜻 자신의 꿈에 시간과 돈을 투자하며 도전하는 삶을 살기란 그리 쉬운 일이 아니다. 때문에 많은 사람이 자신의 꿈은 고이 접어둔 채로 밥벌이에만 매달리는 이유이기도 하다.

그러나 여기서 우리는 '이러한 삶을 살고 있는 게 비단 나뿐만은 아니었구나!' 하는 안도감보다는 나머지 25.9%의 삶을 사는 사람들을 바라볼 줄 알아야 한다. 10명 중 7명이 자신의 환경을 핑계로 자신의 꿈에 대한 도전을 망설이거나 포기하며 살고 있다. 그러나 똑같은 환경에서 다른 3명은 자신의 꿈을 이루는 방법을 모색하고 그것을 이루며 또 다른 발전된, 그리고 변화한 자신의 모습을 만들어 나가고 있다.

결국, 피하고 망설이는 삶을 사는 사람은 늘 같은 자리에 머물러 있는다. 발전 또는 변화라고 해봐야 직장 내에서의 승진과 연봉인상이 전부이다. 그러나 끊임없이 방법을 연구하고 도전하는 삶을 사는 사람은 직장 내의 승진과 연봉인상은 물론이고 다른 사람들과는 확연히 구별된 화려한 스펙을 갖게 된다.

요즘 시대에는 그 누구도 평생직장을 보장받지 못한다. 어느 순간 자신의 자리를 내어줘야 할 상황이 생길지도, 또 어느 순간 자신의 자리가 없어질지도 모르는 일이 생길 수도 있다. 그러한 상황과 마주하게 되었을 때 오직 밥벌이에만 매여 있던 사람에게는 절망과 상심이 누구보다 크게 다가온다.

모든 것을 밥벌이의 삶에 내어주느라 그 어떠한 것도 준비하지 못한 무능한 사람으로 전락하는 일도 순식간이다. 그러나 밥벌이 뿐만 아니라 틈틈이 꿈 벌이까지 해 놓은 사람에게는 아무래도 부담이 적다. 이미 자신의 미래에 대해 준비를 해 놓은 상태이기에 어떠한 상황에 부닥쳐도 능동적이고 자신감 있게 대처할 수 있는 여유도 생긴다.

여러분은 '내가 왜 이랬을까?', '나는 그동안 무얼 하며 살아왔는가?' 라는 후회와 절망 속에서 가시밭길을 걷느라 고통스러워하지 않길 바란다.

핑계는 누구에게나 존재한다. 방법 또한 누구에게나 존재한다. 다만 자신의 의지에 따라 핑계와 함께 제 자리에 머물러 있는 삶을 살 수도, 방법을 찾아와 변화하는 삶을 살 수도 있다.

아직도 망설이는 삶을 살고 있는가. 그러한 삶은 자신 스스로에게 어떠한 발전도 가져다주지 않는다. 스스로 방법을 찾아내고 작게라도 도전을 해야만 조그마한 변화라도 얻을 수 있다.

사람들은 무슨 일을 하면서 항상 완벽한 준비가 된 상태에서 시작해야 한다고 생각하거나 그런 상태에서 시작하려는 경향이 있다. 그러다 보니 자연스레 시기도 놓치고 기회가 와도 붙잡지 못한다. 결국, 남는 건 후회와 한숨 뿐이다.

모든 일을 함에 있어서는 망설임보다는 불완전하더라도 시작을 해야 한다. 시작해야 실패든, 성공이든, 조그마한 결과라도 얻을 수 있다. 실패가 두려워 아무것도 하지 않고 망설이고 있는 상태에서는 그 어떠한 꿈도 목표도 아무것도 이룰 수 없다.

"망설이지 말고 도전하라. 그것이 남들보다 한걸음 앞서 나갈 수 있는, 여러분의 삶을 변화시킬 수 있는 또 하나의 방법임을 기억하라"

7

삶의 방향을 분명히 하라

여러분은 분명 평범하게 살기 위함이 삶의 목표는 아니었다. 어떻게 하다 보니까 자신도 모르게 평범한 사람 중 한 사람이 되어 있을 뿐이다. 그렇다면 묻겠다. 여러분은 지금까지 살면서 의식적으로 자기의 삶을 주관하며 살아왔다고 생각하는가? 아마도 선뜻 대답하지 못할 것이다. 그러나 이미 물음에 대한 대답은 나와 있다. 여러분이 평범한 삶을 살고 있다고 생각하는 자체가 그 대답을 대신 뒷받침하여 주기 때문이다.

삶의 목표가 있다는 것은 자신의 꿈이 있다는 것이다. 자신의 꿈을 이루거나 성공한 삶을 살기 위해서는 자기의 삶을 스스로 주관하며 살아야 한다. 자기의 삶을 주관하는 사람들은 결코 평범한 삶이 목표가 되지 않는다. 고로 자신 스스로 평범한 사람이라 생각하는 사람은 지금까지의 삶을 대부분 세상 속에서 이끌림을 당하며 살았다고 보면 된다.

『꿈꾸는 다락방』의 저자 이지성은 말한다.

혹시 그대는 오늘도 노예로 살고 있는가?

남의 바람대로 살기엔 당신의 꿈이 너무 가엾지 않은가?

당신이 삶을 이끌어나가는 것이 아니라,

그저 하라는 대로 끌려다니는 사람이라면

당신은 노예일 뿐이다.

노예는 성공해도 노예를 벗어날 수 없다.

꿈을 잃고, 성공한 노예로 사는 것이 이제 지겹지 않은가?

이끌리는 삶을 사는 사람들을 노예에 비유한 이지성 작가는 쳇바퀴 굴리듯 한 발짝도 나아가지 못하는 평범한 삶은 지양하라고 말한다. 그리고 새롭게 전진하는 삶을 위해 '꿈을 가져라.' 고 조언한다.

사람들은 자신이 속한 조직 내에서 인정받기 위해 많은 노력을 한다. 남들이 공부하면 따라서 공부하고, 남들이 일하면 따라서 일한다. 놀 때도 따라 놀고, 쉴 때도 따라서 쉰다. 그들에게는 남들이 사는 삶이 자기의 삶의 기준이 되고, 남들이 정해 놓은 기준이 자기 삶에 원칙이 된다. 자기의 생각은 그 어디에도 없다. 남들에게 조금이라도 뒤처질 새라 항상 안테나를 세워 관찰하고 따라가기에도 이미 힘들고 지친다. 자기만의 목표가 없으니 남의 생각에 끌려다니기만 하는 것이다. 설령 그렇게 하여 조직 내에서 인정받고, 성공하는 삶을 살게 된다고 하더라도 과연 그 삶에 얼마나 만족할 수 있을까?

취업 포털 사이트 잡코리아에서 직장인을 대상으로 한 '서른, 삶의 만족' 이라는 조사 결과를 보면 84.1%가 자신의 삶에 '만족하지 못한다.'는 답변을 내놓았다. 그리고 현재의 삶에 만족하지 못하는 이유로는 낮은 연봉 등 경제적 수준, 무능력한 스스로의 모습, 원하지 않는 일을 하고 있어서 등의 순으로 나타났다.

조사 결과에서도 알 수 있듯이 직장인들은 대부분 만족스러운 삶을 살지 못한다. 죽을힘을 다해 공부하고, 스펙 쌓기에도 누구보다 최선을 다했지만, 조직에서는 쉽게 인정해 주지 않는다. 오히려 비슷한 수준의 사람들을 모아 놓은 집단 속에서 더욱더 치열한 경쟁을 해야만 한다. 살아남기 위해 더욱더 많은 스펙을 쌓아야 하고, 적성에 맞지도 않는 '상사에게 잘 보이기', '상사 비유 맞추기' 등 아부능력까지 키워야 한다.

이렇듯 자신의 능력을 쉽게 인정받지 못하는 것도 문제이지만 꿈과 점점 멀어지는 삶을 살게 된다는 것이 가장 큰 문제이다.

비단 삼십 대 뿐 만이 아니다. 40대 50대가 되어도 마찬가지이다. 자신의 뚜렷한 방향도 없이 오롯이 회사에만 올인해 온 사람이라면 살아남기 위한 노력을 더더욱 소홀히 하지 못한다. 그렇게 언제 밀려날지도 모르는 불안감에 항상 초조한 삶을 살다 보니 자신의 꿈과는 더욱더 멀어지는 것이다. 더욱 안타까운 것은 직장생활에 자신의 삶을 올인 하느라 정작 자신이 할 수 있는 일은 맡은 업무밖에 없다는 것이다. 밖에 나와서는 써먹을 수도, 써먹지도 못하는 능력을 키우느라 몇십 년간을 그렇게 죽을힘을 다해 사는 것이다.

그렇다면 앞으로 삶의 만족도를 높이기 위해서는 어떠한 노력을 해야 하는 건가? 이미 응답자들은 답을 알고 있었다.

'적성에 맞는 일을 찾아 그것에 도전한다.'

안정된 직장, 행복한 가정을 이루고 사는 건 누구나 원하는 것이고, 당연히 이루며 살아야 한다. 그러나 그것이 삶 전부가 되어서는 안 된다. 이루고 누려야 할 것들은 당연히 누리고, 그 이상의 것들을 삶의 목표로 설정하고 그 방향으로 나아가야 한다.

미셸 오바마, 힐러리 클린턴의 멘토로 잘 알려진 티나 산티 플래허티는 저서 『워너비 재키』를 통해 이런 말을 했다.

"어디로든 가고 싶다면, 먼저 자신이 어디로 가고 싶은지부터 알아야 한다. 인생에서 바라는 걸 이루고 싶으면 자신의 소신을 먼저 파악해야 한다는 뜻이다. 언뜻 듣기에는 간단한 일 같지만, 성공은 내가 누구이고 어떠한 생각을 하고 있는 사람인지 아는 데서 시작하고 끝난다."

과거의 내가 평범한 삶에 만족하며 삶의 방향을 정하지 않았다면 지금의 나는 존재하지 않았다. 분명 나는 평범했지만, 그 삶에서 조금 더 발전된 삶을 살기 원했고, 기왕이면 꿈을 이루며 사는 삶을 살아보자 하는 생각에 그 꿈을 위해 미친 듯이 달렸다.

여러분 또한 그러한 열정이 필요하다. 결코, 지금의 삶을 던져버리라는 것은 아니다. 지금의 삶은 유지하되 그 속에서 꿈을 찾고, 꿈을 향한 방향키 조절을 잘하면 분명 그 안에서 또 다른 자신을 발견하며 성장할 수 있는 기반을 마련할 수 있게 된다.

다시 한 번 말하지만, 여러분은 결코 평범한 삶에 만족하고, 평생 평범한 삶을 살기 위해 존재하는 것이 절대 아니다. 혹시 '나는 평범한 게 좋아!' 라는 생각을 하고 있는가? 그렇다면 자신의 내면을 좀 더 자세히 들여다보기 바란다. 이 책을 집어 든 자체만으로도 여러분은 이미 평범함을 거부한 사람이라는 것을 인정하게 될 것이다.

"여러분은 분명 나아가야 할 자신의 방향이 있다. 절대 평범한 지금 이대로의 모습에 만족한다는 무성의한 말은 하지 마라. 대신 자신이 바라는 것, 원하는 것, 이루고 싶은 것을 분명하게 밝히고 앞으로 나아가야 할 방향을 확실하게 정하라."

8
스스로 의식 수준을 높여라

스위스의 심리학자 칼 융은 말했다.

"무의식을 의식으로 전환하지 않으면 무의식이 당신의 인생을 지배할 것이다. 그것을 당신은 운명이라고 부른다."

패배한 사람이나 자신이 실패했다고 생각하는 사람들은 흔히들 말한다.

"내가 해봐야 별수 있겠어?"
"나의 능력은 여기까지야!"

"내 팔자가 그렇지 뭐!"

"나는 왜 늘 이 모양일까?"

"난 뭘 해도 안 되는 놈이야!"

"…."

그들은 자신의 가치를 떨어뜨리는 온통 부정적인 말만 늘어놓는다. 그러니 앞으로 잘될 일도 안된다. 자신의 무한한 능력을 부정이라는 포장지에 싸서 더 이상 빠져나올 수도 없게 꽁꽁 묶어두는데 어떻게 자신의 가치를 드러내고 빛낼 수 있단 말인가.

말과 생각은 그 사람의 의식 수준이 어느 정도인지를 대략 가늠케 해준다. 그리고 그 사람의 의식 수준을 보면 앞으로 어떤 삶을 살게 될지도 대략 알 수 있게 된다.

거짓과 진실을 판단하지 못하는 뇌와 세포들은 자신이 부정적인 말과 행동을 하면 그대로 따라 움직이며 실패라는 결과를 끌어온다. 반면 긍정적인 말과 생각을 하면 성공이라는 결과를 당겨온다. 성공의 결과 또한 자신의 의식 수준의 크기에 따라 그 크기에 맞는 결과를 가져다준다. 즉 소박한 꿈을 품으면 소박한 꿈의 결과를, 큰 꿈을 품으면 그 꿈 크기에 맞는 결과를 가져온다. 의식적으로 말하고 생각하고 행동하는 것들을 우리의 뇌와 세포들이 그대로 움직여서 그 결과들을 끌어오기 때문이다.

"나는 실패자가 될 거야!"

"나는 낙오자가 될 거야!"

"나는 패배자가 될 거야!"

의도적으로 이러한 생각을 하는 사람은 없다. 그저 아무런 생각도 하지 않기에 무의식적으로 부정적인 생각과 행동을 하게 되는 것이다. 결국, 무의식에 자기의 삶을 내어주고 살면서 그것조차도 인식하지 못한 채 자기의 삶만 비관하는 셈이다.

성공하는 삶을 사는 사람과 그렇지 않은 사람의 차이가 의식 수준에서도 나타나듯 사실 항상 의식적으로 말하고 생각하며 깨어있는 삶을 살기란 그리 쉬운 일만은 아니다. 그러나 자신의 꿈을 이루며 성공자의 삶을 살길 원한다면 의무적으로라도 의식적인 생각과 행동을 해야만 한다.

대부분의 사람처럼 무의식에 지배당하며 살게 된다면, 여러분 또한 평생을 평범함에서 벗어나지 못할 것이다. 그러나 자신의 한계를 깨고 끊임없이 자신의 뇌에 긍정적인 말과 생각을 주입하면, 평범함 그 이상의 삶을 기대할 만하다.

한때 사생아 출신에 성폭행, 마약, 임신과 출산 등 어두웠던 과거를 이겨내고 성공자로서의 삶을 사는 오프라 윈프리의 말이다.

"당신이 어떤 것을 믿는다거나 무엇을 원한다고 말하면, 그 순간 그 소리를 가장 처음 듣는 것은 바로 당신 자신이다. 당신 스스로 한계를 두지 마라."

"내 주제에 무슨…", "내 형편에 무슨…", "내가 어떻게…"라는 스스로 자신을 낮추는 말과 생각은 자신을 그 수준에 머무르도록, 더는 그 수준에서 벗어날 수 없도록 스스로 올가미에 가둬두는 행위이다.

스스로 한계를 두고 자신의 재능과 능력을 가둬 버리는 한 절대로 빠져나올 수 없다. "내가 어때서?", "나는 타고난 능력자다!", "나니까 할 수 있다!" 하고 자신의 한계를 뛰어넘는 생각과 그것에 맞는 상상을 끊임없이 해야 한다.

나 또한 직장인으로서, 아내로서, 또 아이들의 엄마로서 나의 꿈을 꾸고 그것에 도전하기란 그리 쉬운 일이 아니었다. 여느 가정과 마찬가지로 당장 내 꿈에 투자해야 하는 비용과 많은 시간 투자가 나를 망설이게 했다.

그러나 나는 한두 푼 모으는 데 의미를 두기보다는 그 돈으로 나의 꿈에 투자해 더 큰 가치를 얻어내는 데 의미를 두었다. 또 놀고, 먹고, 잠자며 무의미하게 버려지게 될 시간을 나의 가치를 높이는데 투자했다.

내가 스스로 나의 한계를 정하고 저자가 아닌 독자로 사는 삶에 만족했다면 어떠했을까? 당연히 저자로서의 삶은 없었다. 스스로 현재의 삶에서 벗어나지 못하고 의식 수준을 높이고자 하지 않았다면 일 년 전 모습에 그대로 머물러 있었을 것이다. 그러나 스스로 한계를 뛰어넘었고 미래의 나의 모습을 의식적으로 상상했다. 당장 재능과 능력이 있고 없고의 판단을 떠나서 우선은 현재보다는 미래를 보았다. 이렇게 내가 정해 놓은 한계를 뛰어넘었기에 꿈을 이루며 살 수 있었다.

사실 가정을 이루고 사는 직장인들이 자신만의 꿈을 꾸며 그것을 이루고 살기란 그리 쉽고 만만한 일이 아니다. 주변의 시선, 경제적인 여건, 시간적인 투자, 가족의 이해 등 여러 가지 환경과 조건들을 고려해야 하기 때문이다. 그러나 이 또한 자신의 의식 수준에 따라 달라진다. 자신의 의식 수준이 현재에 머물러 있는 사람은 자신의 꿈과 성공을 포기할 것이고, 미래를 바라보는 사람은 도전의 길을 택할 것이다.

의식적인 생각과 행동은 인생의 많은 것을 변화시킨다. 스스로 저급한 의식 수준을 고수하면 아무리 노력해도 평범한 수준 이상의 나은 삶은 기대하기 어렵다. 그러나 의식적으로 최고의 생각과 이상적인 상상을 끊임없이 하게 되면 반드시 그에 맞는 삶을 살게 된다.

"당장 눈앞의 현실 때문에 자신의 꿈을 포기하지 마라. 끌려다니며 살고 있는 현재의 삶은 의식 수준을 높이지 않는 한 앞으로도 계속 끌려다니며 살게 된다. 성공자들은 과거나 현재가 아닌 미래를 내다보며 앞서가는 삶을 산다. 이렇듯 여러분도 성공자의 마인드로 현재가 아닌 미래를 끌어와 살아야 한다."

CHAPTER 5:

이미 당신은
누군가의
가능성이다

망설이지 말고

당당하게 도전하라.

'안 된다.', '할 수 없다.', '불가능한 일이다.'

쉴 새 없이 외쳐대는 사람들은 과감히 멀리하라.

It is never too late to start

1
망설일 시간에 꿈에 미쳐라

일반적으로 사람들은 평범한 노력을 하며 산다. 안타깝게도 사람들은 그것이 평범한 노력이라는 것을 미처 깨닫지 못한다. 온종일 직장에서 온갖 육체적, 정신적 스트레스와 피로에 시달리며 누구보다 열심히 산 사람들은 자기 삶에 최선을 다하며 산다고 생각한다. 그러나 그러한 노력은 비단 누구 혼자만 하는 것이 아니다. 대부분의 사람이 각자 주어진 삶에 최선을 다하며 산다. 결국, 우리가 하는 노력은 평범한 삶을 살기 위해 하는 노력과 별다를 것이 없다.

꿈에 대해 이야기를 하면 사람들은 말한다.

"세상살이 평범하게 사는 것도 여간 만만한 일이 아닌데…."

"꿈을 꾸고 그것을 이루려면 지금의 생활을 포기해야 하는데 그럴 정도의 여유는 없어요."

"내 형편에 무슨…. 꿈은 돈 많고 시간 많은 사람이나 꾸는 거야!"

"이루고 싶은 꿈은 많지만 내가 어떻게…."

팍팍한 현실 속에서 하루를 살아내기도 힘든 직장인들에게 꿈은 이상 세계의 것이고 사치에 불과할 뿐이라고 말한다. 나에게 있어서 또한 꿈은 몽상에 불과했다. 그저 잠깐 잠깐씩 꿈을 꾸다가 현실에 밀려 사라지고, 어느샌가 또 나타났다가 망설임에 밀려나고. 그러기를 반복하며 어느새 마흔을 바라보는 나이가 된 것이다.

순간 지금까지 나는 '누구를 위해', '무엇을 위해' 달려왔는지를 돌아보게 되었다. 분명 '나'라는 주체는 지금까지 누구보다 더 열심히 살아왔다. 그러나 나 자신에게 던진 질문에 자신 있게 답하지 못하는 '나 자신'을 발견하며 더는 이렇게 살아서는 안 되겠다는 생각을 하게 된 것이다.

꿈과 현실 속에서 나의 꿈은 항상 뒷전으로 밀려 있었다. 늘 현실에서 해결해야 할 일들이 우선이었다. 현대인들이 그러하듯 한때 나에게 있어서도 직장이 우선이고, 가정과 자식이 우선이었다. 그렇게 우선순위에서 밀린 꿈들은 늘 머릿속에서만 맴돌며 가슴속에서 망설임만 갖다가 끝나 버렸다.

2012년 6월의 어느 날, 나는 김태광의 저서 『마흔, 당신의 책을 써라』와 마주하게 됐다. 그런데 웬일인지 그 책을 읽는 순간부터 마지막 장을 넘길 때까지 요동치는 가슴이 내내 가라앉지를 않았다. 평소 마음속 깊은 곳에 자리하고 있던 '작가'라는 꿈을 깨우기 시작한 것이다. 나는 그 책을 읽고 또 읽기를 반복하며 나의 꿈에 도전해야 할지, 포기해야 할지를 두고 망설이기 시작했다.

그렇게 망설이기를 6개월. 나는 망설이는 삶에 더는 나의 미래를 묶어 둘 수만은 없다 생각하고 작가라는 꿈에 도전장을 내밀었다. 그리고 그 꿈에 미치기 시작했다. 평소 직장생활 하랴, 집안일 챙기랴, 아이들 돌보랴 시간 여유가 그리 많지 않았지만, 그 외의 늦은 저녁 시간이나, 주말은 철저하게 꿈에 투자했다. 여러 직장인이 그러하듯 나 또한 경제 사정이 그리 넉넉하지는 못하다. 그러나 꿈에 미친 나는 생활비를 쪼개어 미래의 꿈에 과감히 비용을 투자하며 나의 비전을 키워나갔다.

그렇게 미친 꿈에 도전한 나는 불과 5개월 만에 『여자의 물건』이라는 저서를 세상에 내놓으며 작가라는 타이틀을 얻게 되었고, 4개월 뒤 『결혼과 함께 멈추는 여자, 결혼과 함께 성장하는 여자』라는 또 한 권의 저서를 세상에 내놓게 되었다. 그리고 지금 이 책이 있기까지 총 세 권의 저서가 나오는 데 걸린 시간은 불과 1년 남짓이다. 처음 작가라는 꿈에 도전해야 할지 말아야 할지를 두고 망설이고 있을 때 누군가가 이런 말을 했다.

"지금 당신이 망설이고 있는 이 시간에, 다른 누군가는 책을 써내고 있습니다."
"3개월 후 다른 누군가는 책을 한 권 써내지만, 다른 누군가는 여전히 망설이고만 있느라 제자리에 머물러 있겠죠. 당신은 어떤 사람이 되고 싶습니까?"

나는 그 말을 듣는 순간 망설이느라 허비한 6개월의 시간을 들켜버리기라도 한 것 같아 가슴이 뜨끔했다. 그리고 앞으로의 삶도 망설이느라 영영 나의 꿈은 이루어보지도 못하는 것이 아닌가 하는 생각에 더 이상 망설이면 안 되겠다는 생각을 하며, 미친 듯이 나의 꿈에 달려들었던 기억이 난다.

그때까지만 해도 나는 주어진 삶을 열심히 살아내려면 당연히 꿈은 포기해야만 하는 줄 알고 있었다. 그러나 잘못된 생각이었다. 주어진 삶을 열심히 살아냄과 동시에 꿈 또한 이룰 수 있는 능력을 갖추고 있었음에도 그것을 모르고 살았던 것이었다.

꿈과 현실 두 가지 중 어느 한 가지만 선택해서 살라는 법은 없다. 그러나 사람들은 현실을 포기하든지, 꿈을 포기하든지 둘 중 한 가지의 삶만 선택해서 하려고 한다. 둘 다를 동시에 하면서 살면 되는데 말이다. 그러나 어떤 사람들은 말할 것이다. 그게 그렇게 말처럼 쉬운 일이면 왜 사람들이 안 하며 살겠냐고.

그렇다. 물론 쉽고 간단한 일은 당연히 아니다. 어느 누군가에겐 정말 시간이 부족할 수 있고, 다른 누군가에게는 금전적인 문제가 걸림돌이 될 수도 있다. 그러나 나는 부족할 때일수록 꿈에 미치라 말하고 싶다. 여유 생기기 기다리다가는 평생 꿈도 한 번 못 이뤄보고 끝날 수도 있다. '돈 모아서 시작해야지.' 라는 생각보다는 한 푼이라도 벌고 있을 때 도전하라. '직장생활 그만두고 시간 여유가 많을 때 시작해야지.' 라는 생각보다는 눈코 뜰 새 없이 바쁠 때 도전하라. 지금 자신의 꿈에 미칠 수 있을 정도의 열정이 없다면, 여러분은 나중에 돈이 생겨도, 시간 여유가 생겨도 어떠한 변화를 기대하기는 어렵다.

다람쥐 쳇바퀴 돌 듯 매일 같은 삶만 사느라 한 발짝도 다른 길로 나아가지 못하고 평생을 산 사람이 그때가 된다고 변화된 삶을 살리라는 가능성은 거의 희박하다. 안주하는 삶이 이미 익숙해질 대로 익숙해진 나머지 도전하는 삶에 대한 두려움은 자신도 모르게 커질 대로 커져 있을 테니 말이다.

2
성공하려면 꿈을 꾸는 사람과 어울려라

『아들의 눈이 빛이 되어』의 저자이자 전북 시각장애인도서관장인 송경태는 시각장애 1급을 가지고 있다. 그는 군 복무를 하던 시절 수류탄 폭발 사고로 두 눈의 시력을 모두 잃었다. 사고 후 그는 어둠과 절망 속에서 힘겨운 나날을 보냈지만, 고통의 시련을 딛고 일어나 지금은 꿈을 꾸고 도전하는 삶을 살고 있다. 한라산, 백두산 등반을 시작으로 시각장애인 세계최초 사하라 사막 완주, 고비사막과 남극대륙 완주 등 극한 상황에 도전하며 항상 꿈을 향해 전진 중이다.

어느 날 그가 안나푸르나를 등정하겠다는 계획을 발표했을 때 주변 사람들은 다음과 같은 말들로 그의 꿈을 만류했다.

"앞도 못 보는 사람이 어떻게 전문산악인도 오르기 힘든 히말라야 안나푸르나를 등정하겠다고 그러세요? 그건 당신이 성공하기에는 절대 불가능한 일이에요!"

"관장님, 왜 목숨을 함부로 버리려고 하세요? 그 말씀은 죽음을 담보로 도전하겠다는 말인데, 위험한 일인 줄 알면서 왜 그러세요. 너무 위험해요. 가지 마세요."

그러나 그는 마음속으로 주변의 부정적인 소리는 철저히 무시하며 스스로 각오를 단단히 했다.

"내 꿈은 절대 포기하지 않아, 이 꿈을 포기하면 평생 후회를 하게 될 텐데 절대 후회할 일은 하지 않을 테야!"

후회뿐인 삶을 살지 않겠다고 다짐하며 그는 언제나 주위의 부정적인 영향을 뿌리치고 오로지 꿈을 향해서만 달렸다고 말한다. 자신의 꿈과 목표를 이루어 내기 위해서 자신의 주변은 항상 긍정적이고 도전적인 삶을 사는 사람들로 채워나가야 한다고 말하는 그는 인터넷 신문 〈에이블뉴스〉 기사를 통해 다음과 같은 조언을 했다.

"부정적이고 냉소적이며 시기심 많은 사람과 어울리기에는 인생이 너무 짧다. 아무리 재능이 많고 아무리 위대한 씨앗을 품었어도 그 씨앗을 옥토에 뿌리지 않으면 뿌리를 내리지 못한다. 부정적인 환경에서 꿈을 이루기란 불가능에 가깝다. 그러므로 꿈을 꾸는 사람과 어울려야 한다. 거대한 목표를 세우고 위대한 일을 이루려는 사람과 가까이하면 우리도 그렇게 된다."

꿈을 꾸고 그것에 도전하는 삶을 살고자 하는 사람에게 늘 부정적이고 비판적인 시선은 따라다니기 마련이다. 게다가 시기와 질투심까지 더하여져 도전자의 사기를 떨어뜨리는데 부정적인 요소로 작용하며 그것으로 인해 꿈과 목표가 파괴당한다. 그러한 부정적인 요소들에 휘말리면 자신의 꿈은 몽상에 그치고 만다. 송경태 관장처럼 자신의 꿈에 확신을 하고 그 어떠한 환경에도 흔들리지 않으며 긍정적인 요소들만 끌어당겨야 그 꿈은 이루어진다.

간혹 자신의 비전에 부정적인 시선을 보내는 사람들이 있으면 애써 그들에게 자신의 꿈을 설득시키려 또는 이해시키려 애를 쓰는 사람이 있다. 그러나 굳이 그럴 필요는 없다. 자신의 에너지만 소모될 뿐이다.

얼마 전 구글의 에릭 슈밋 회장은 연세대를 방문한 자리에서 젊은이들에게 이와 같은 말을 했다.

"항상 나보다 더 똑똑하고, 더 독특하고, 더 미친 사람들을 친구로 두어야 합니다. 여러분 주위에도 굉장히 똑똑하고 무언가에 미쳐 있는 친구가 한 명쯤은 있을 것입니다. 여러분은 바로 그런 사람과 어울려야 합니다."

무언가에 미쳐있다는 것은 꿈을 꾸고 그것을 이루느라 그것에 빠져있다는 것이다. 에릭 슈밋 회장의 말은 바로 그러한 '꿈을 꾸는 사람과 어울려야 한다.' 는 의미가 내포되어 있다. 여러분에게는 그런 사람이 있는가?

사람은 평소 자주 접하는 사람들의 분위기나 태도, 장단점, 사고방식 등을 자신도 모르게 무의식적으로 닮아간다고 한다. 즉 자신이 어떠한 사람들과 어울리느냐에 따라 부정적인 사람이 될 수도 긍정적인 사람이 될 수도, 평범한 사람이 될 수도 비범한 사람이 될 수도 있다.

여러분이 평범함을 넘어선 꿈 꾸는 삶을 살기 원한다면 꿈을 꾸는 사람과 어울려라. 그들은 항상 진취적이고 미래지향적이며 불가능 보다는 가능을 믿는 사람들이다.

'안 된다.', '할 수 없다.', '불가능한 일이다.' 쉴 새 없이 외쳐대는 사람들은 과감히 멀리하라. 그들과 가까이 해봐야 늘 안 되는 일, 할 수 없는 일, 불가능한 일만 일어난다. '할 수 있다.', '하면 된다.', '해보자.' 하는 긍정적이고 도전적인 삶을 사는 사람들과 어울리고 그들과 함께하라. 여러분은 분명 할 수 있는 일, 하면 되는 일, 이미 이루어진 일 등의 긍정적인 삶의 결과를 얻게 된다.

3
갑의 마인드를 가져라

회사와 자신과의 관계에 대해 직장인들은 대부분 이런 생각을 한다.

"회사(또는 경영자나 임원)는 '갑'이고, 나(직원)는 '을'이다."

많은 직장인은 이렇듯 스스로 을의 자리를 자처하며 갑에게 떳떳하게 자기의 주장 한 번 펼쳐보지 못하고 항상 끌려만 다닌다.

"잘리지 않으려면 시키는 대로 군소리 없이 일이나 해야지. 직장인이 별수 있겠어?"

이러한 생각은 스스로 밥벌이를 자처하는 삶이다. 밥벌이하는 사람은 어쩔 수 없이 끌려다녀야 한다. 밥벌이가 삶의 목적이기 때문에 그것에 위협을 받는 일은 감히 엄두도 내지 못한다. 평생 근로 계약서상에 명시된 '을'로 사는 수밖에 없다. 그러나 그 누구도 직장인은 '을'이라고 정해주지 않았다. 단지 자신 스스로 돈의 노예가 되어 그 늪에서 헤어나지 못하고 조금씩 을의 마인드로 무장하게 된 것이다.

직장인은 회사가 나에게 급여를 준다는 이유 하나만으로 회사 앞에서 떳떳하지 못할 이유도, 당당하게 자기의 주장을 말하지 못할 이유도, 힘없이 끌려다닐 필요도 없다. 엄연히 자신이 해야 할 일을 해주고 정당한 대가로 급여를 지급 받는 것이기 때문이다.

얼마 전 나는 회사의 중간 책임자로부터 오너의 지시를 전달받았다. 오너의 지시사항은 이러했다.

"사무실 직원들 모두 성수기 3개월간은 주말에 출근해서 영업장 일을 도울 수 있도록 지시하세요!"

물론 갑자기 급한 일이 생겼거나, 많은 일이 생겨 일손이 부족하면 타 부서에 도움을 요청하거나 요청받을 수 있다. 그러나 이렇게 장기간을 그것도 근무시간도 아닌 주말에 노동을 강요당해야 한다는 게 나는 이해가 되지 않았다. 그래서 정중히 거절했다.

"죄송하지만 정말 일손이 부족하다면 단기 아르바이트생을 고용하시는 게 좋을 듯합니다. 직원들의 사생활은 무시한 채 일방적으로 노동을 강요한다는 건 무리한 요구 같습니다."

　주말이면 자기계발을 위한 시간 투자와 집안 대소사 챙기기에도 바쁜 나에게 회사의 그런 요구는 수용할 수 있을 만한 조금의 여유도 없었다. 그러나 내가 만약 밥벌이에 이끌려 다니는 마인드를 가지고 있었다면 이렇듯 당당히 거부할 수 있었을까? 분명 그 어떠한 상황에서도 회사의 요구조건이 1순위였을 것이다. 물론 마음속으로는 '월급쟁이가 하라면 해야지 별 수 있어'를 외쳐대며 삶의 씁쓸함을 토로했을 게 뻔하다. 그러나 나는 그리하지 않았다. 오너에겐 괘씸한 직원 1순위가 될지언정, 무리한 강요에 말 한마디 입 밖에 내지 못하고 이끌려 다니는 지질한 직원 1순위는 되고 싶지 않았다. 무엇보다 나는 나 자신에게 자신감이 있었다.

　"당신 아니어도 일하겠다고 하는 사람들 많으니까 일하기 싫으면 당장 그만두세요!"하는 회사에 반해 "네. 그렇게 하겠습니다. 여기 아니어도 일해 달라고 불러주는 회사 많아요!"라고 말할 수 있는 자신감.

　"당신이 어딜 가서 이만한 대우 받고 일할 수 있겠어!" 하는 회사에 반해 "저 보기보다 능력 좋아요."라고 말할 수 있는 자신감.

　자기 자신에게 자신감이 없는 사람은 늘 아쉬운 입장이 된다. 그리고 세상은 어느 관계이든 간에 아쉬운 사람이 끌려다니게 되어 있다. 안타까운 일이 아닐 수 없다. 세상을 이끌어 가려면 무엇보다 자기 자신에 대한 자신감이 중요하다. 그 자신감을 느끼기 위해서는 생각을 바꾸면 된다. 분명 갑의 위치임에도 불구하고 끌려다닐 수밖에 없게 하는 을의 마인드는 이제 지워 버려라. 그리고 나에게 급여를 주는 회사가 아닌, 회사에 나의 지식정보, 육체적, 정신적 노동 제공 등 '나의 모든 것을 내어주는 곳'이라고 마인드를 바꾸어라. 더 이상 회사는 '갑', 직장인은 '을'이 아니다. 서로가 상생관계인, 회사도 직장인도 모두가 '갑'인 동등한 위치이다.

네이트를 뜨겁게 달구고 있는 웹툰 중 직장인이 공감할 수 있는 곽백수 작가의 웹툰 하나를 소개한다.

"하…, 매일매일 어떻게 지나가는지도 모르겠어요. 이리 치이고 저리 치이다 보면 하루가 다 가요."

"뱃멀미나 차멀미 안 하는 방법 알아?"

"네?, 갑자기 무슨…."

"그건 배를 직접 몰거나 차를 직접 모는 거야!"

"아, 맞아요! 차 타고 가면 멀미가 나지만 직접 운전하면 멀미가 안 나더라구요."

"세상일도 마찬가지지. 이리 치이고 저리 치이면 멀미가 나지만 자신이 주도적으로 헤쳐 나가면 멀미가 덜 나지."

"에…. 그건 우리 같은 직장인한테는 힘들지 않나요? 사업하는 사람들이나 가능하지."

"꼭 그렇지는 않아! 직장 생활이 거래라는 것만 명확히 하면 돼!"

"그래요?"

"세상 모든 일이 거래잖아."

"난 회사에 적절한 용역을 제공하고 회사는 그 보상으로 급여를 지급하는 거지."

"직장생활은 상하관계나 주종관계가 아니야, 단순한 거래야, 조건이 맞으면 일하고 조건이 안 맞으면 떠나는 거지."

"나 같은 경우는 회사 내에서 창업하고 있다는 생각을 하고 있어. 그러면 스트레스가 줄어들지."

"네…!"

을의 마인드로 사는 동안은 삶이 고단하고 피곤할 수밖에 없다. 능동적이 아닌 피동적인 삶을 사느라 늘 상대의 생각에 맞춰 살아야 하기 때문이다. 모든 직장인이 그렇게 살고 있으니 나 또한 그렇게 살 수밖에 없다는 생각은 벗어던져라. 평생 평범한 직장인으로 남고 싶지 않다면 말이다. 비전이 이끄는 삶을 살기 위해 여러분은 능동적인 삶, 주도적인 삶을 살아야 한다. 지금까지의 을의 마인드는 깨끗이 지워버려라. 그리고 이제 그만 조수석에서 과감히 내려, 자기 생각대로 삶의 방향을 이끌어 나갈 수 있는 멋진 드라이버가 되어보라.

철학자이자 로마의 황제였던 마르쿠스 아우렐리우스가 남긴 말이다.

"인생의 목적은 다수의 편에 서는 것이 아니라, 정신 나간 사람들 사이에서 벗어나는 것이다."

It is never too late to start

4

명품인생으로 거듭나라

언제부터인가 사람들은 명품에 울고, 명품에 웃는다. 얼마만큼의 명품을 소장하고 있느냐 없느냐에 따라 자존감 지수도 오르고 내린다.

명품을 찾는 이유는 분명 상품으로서의 소장 가치가 있기 때문이다. 그러나 상품으로서의 단순한 유형적 가치 이외에도 무형적 가치가 함께 존재한다.

남들은 갖고 있지 않은 것을 나는 소유하고 있다는 우월감, 명품을 소유했을 때 주변에서 바라봐주는 부러운 시선, 그리고 그 시선을 느낄 때의 묘한 행복감, 명품을 소장함으로써 나의 가치도 함께 상승하는 느낌의 자신감 등.

그렇기에 사람들은 이러한 명품을 소장하기 위해서 수단과 방법을 가리지 않는다. 적게는 몇십 만원에서 많게는 수 천만 원 혹은 수억 원에 달하는 고가의 명품을 소장하기 위해서 은행대출 및 몇 개월에 걸친 카드할부도 마다치 않는다. 이렇듯 무리를 해서라도 사람들이 명품을 소유하려고 하는 이유는 분명 명품이 주는 가치를 너무도 잘 알기 때문이다.

예전의 나는 명품의 가치를 잘 알지 못했다. 막연히 좋을 거라는 생각 밖에는. 그러나 차츰 나이가 들고 또 많지는 않지만 한두 개 정도의 값나가는 물건을 소유하다 보니 왜 사람들이 그토록 명품을 갖고자 안간힘을 쓰는지도 조금은 알게 되었다. 나의 경우 의식이 확장되어가고 있었다. 무엇보다 물건을 소유함으로써 반드시 그에 걸맞은 사람이 되어야겠다는 성공자로서의 마인드를 갖게 된 것이다. 자기계발을 게을리하지 않는 나에게 어쩌면 또 하나의 동기부여가 되어준 셈이기도 하다.

사람이라면 누구나 명품을 소유하고 싶어 한다. 그러나 명품을 소유하려면 그에 걸맞은 품격 있는 사람이 먼저 되어야 한다. 온몸에 명품을 둘렀지만 정작 사람은 격이 떨어지거나 품위 없는 언행으로 자신의 가치는 물론 자신이 온몸에 휘감은 명품의 가치마저 떨어뜨리기 때문이다.

사람들은 안타깝게도 명품을 소유하는 데에만 집중할 뿐 정작 자기 자신을 명품으로 만드는 일에는 너무도 인색하다. 자기계발에 대한 투자는커녕 사고의 영역을 넓혀주고 자신의 가치를 높여줄 수 있는 책 한 권 사는 것마저도 아까워한다. 몇 백만 원, 몇 천만 원짜리 명품을 사는 데에는 인정이 넘치면서도 몇 만원, 몇십 만원의 도서구매비, 수업료, 강의료 등의 자기계발 투자에는 자린고비보다 더 인색하다. 아무리 고가의 상품으로 몸을 치장한들 자신이 명품이 되지 않는 한 명품으로서의 빛을

발하는 일도 잠시뿐이다.

사람인 나도 가끔은 명품의 유혹에 흔들릴 때가 있다. 금전적으로 여유가 많아서 고민하지 않고 마음대로 살 수 있는 형편이면 금상첨화겠지만 그렇지 않은 이상 나는 실리를 따져보게 된다. 명품을 취득해 당장 기분을 누릴 것인가. 명품 인생을 만들어 나가는데 투자해 미래를 이끌어 나갈 것인가. 내가 택한 것은 후자였다. 당장에 취할 수 있는 명품들은 물 건너갔지만 그 대가로 나는 명품인생을 만들어 나가고 있다.

머지않아 우리가 그토록 선호하는 명품도 대부분의 사람이 소유하게 될 평범한 물건 중 하나가 되어 있을 것이다. 그러나 명품인생을 꿈꾸고 그 삶에 투자한 사람들은 분명 남들과 구별된 특별한 삶의 주인공이 될 것이다.

〈스스로 명품이 되라!〉

스스로 명품이 되라.
명품을 부러워하는 인생이 되지 말고
내 삶이 명품이 되게 하라.
명품과 같은 인생은 세상 사람들과 다르게 산다.
더 나은 삶을 산다.
특별한 삶을 산다.
내 이름 석 자가 최고의 브랜드,
명품이 되는 인생이 되라.

인생 자체가 귀하고 값어치 있는
명품과 같은 삶을 살아야 한다.
당당하고, 멋있고, 매력 있는
이 시대의 명품이 되어야 한다.
명품을 사기 위해서 목숨 거는 인생이 아니라
옷으로, 가방으로, 신발로 치장하는 인생이 아니라
자신의 삶을 명품으로 만드는
위대한 사람이 되어야 한다.
부모는 그런 자녀가 되도록 기도해야 한다.
명품을 부러워하는 인생이 되지 말고
내 삶이 명품이 되게 하라.

-원 베네딕트

나는 지금 나만의 꿈을 꾸고 그것을 이루며 나 자신을 최고의 브랜드로 만들어 나가고 있다. 남들처럼 명품만을 좇는 인생이었다면 그들처럼 수많은 명품을 가질 수 있었을 것이다. 그러나 그러지 않았다. 나는 어떤 것이 나를 위한 일인가를 생각했고, 그 생각에 따랐다. 나는 앞으로도 명품인생으로 거듭나기 위한 노력을 게을리하지 않을 것이다.

자신의 의지와는 상관없이 그저 다른 사람들이 가고 있는 방향만을 좇으며 아무런 생각도 없이 사는 삶은 결코 명품인생이 될 수 없다. 자신의 정체성을 찾고 남이 아닌 나 자신이 주체가 되어 내 삶을 이끌어가며 살아야 한다.

매일 똑같은 삶을 사느라 자신의 인생을 온통 세상에 소비하지 마라. 세상은 주는 만큼만 되돌려 준다. 평범한 삶에 모든 것을 투자한 당신은 온전히 평범한 인생을 대가로 얻을 것이다. 반면 그 꿈을 향한 투자를 끊임없이 해왔다면 세상은 당신에게 남들과는 다른 명품인생을 선사해 줄 것이다.

　사람들에게 보이는 모습에 연연해 하지 마라. 그들은 결코 여러분의 꿈을 대신 꿔주지도, 여러분의 삶을 대신 살아주지도 않는다. 꿈 앞에 더 이상 망설이는 삶을 살지 마라. 도전하고 이루며 명품인생으로 거듭나라.

5

꿈을 이뤄라. 그리고 누군가의 꿈이 되어라

1년 전 알게 된 네이버 카페 〈한국 책 쓰기 성공학 코칭협회〉가 있다. 이곳은 내가 작가가 되겠다는 원대한 꿈을 갖고 난 후부터 지금까지 매일 하루에도 수십 번씩 문턱이 닳도록 드나드는 곳이다. 이 카페는 앞서 말한 나의 운명을 바꾸어준 도서 『마흔, 당신의 책을 써라』, 『10년 차 직장인, 사표 대신 책을 써라』의 저자 김태광이 운영하는 곳이기도 하다.

김태광 작가는 어릴 적 가난 때문에 중학교 때부터 신문 배달, 주유원, 막노동, 전단 돌리기, 공장 일등 안 해 본 일이 없을 정도로 많은 경험과 고생을 하며 자랐다. 그러나 그는 성공 대가들이 쓴 수천 권의 책을 읽으며 긍정적 사고를 하게 되었고 작가의 꿈도 꾸게 되었다. 아버지의 극심한 반대에도 불구하고 작가가 된 그는 말한다.

"십 대 시절 나는 생활보호대상자였지만 작가라는 꿈을 통해 가난한 운명을 풍요로운 운명으로 바꾸었다."

대한민국 최고의 책 쓰기 코치라는 명성에 걸맞게 백 권이 넘는 저서를 보유하고 있는 그는 "평범하니까 책을 써라.", "성공해서 책 쓸 생각하지 말고 책을 써서 성공하라."고 조언한다. 이러한 그의 생각과 작가로 성공하기까지의 그의 모습은 당시 작가가 되고자 하는 나에게 롤 모델이고 꿈이었다. 그리고 나는 그를 바라보며 나도 그처럼 누군가의 꿈이 되어보고 싶었다.

"나도 그처럼 누군가에게 꿈을 갖게 하고 그 꿈을 이룰 수 있도록 돕는 동기부여가 가 될 테야!"
"나 또한 누군가의 운명을 바꿔주는 영혼이 담긴 책을 써낼 테야!"

당시 나의 모습은 이렇다 하게 자랑할 만한 거리도 하나 없는 평범한 대한민국 직장인, 대한민국 보통 여성이었다. 그러나 작가 김태광이라는 한 사람을 통해 잃어버렸던 꿈을 찾았고 그를 통해 작가로 성장할 수 있었다. 그렇게 작가의 꿈을 이루고 작가 표선희로서 세상에 나의 존재를 알리게 되자 나는 또 다른 누군가의 꿈이 되기 시작했다. 작가의 꿈을 갖고 그 길을 이제 막 들어서기 시작한 사람들에게 나는 이미 〈한국 책 쓰기 성공학 코칭협회〉라는 카페 내에서 누군가의 가능성이 되어있었다.

카페에 가입된 3,000여 명의 회원들은 다양한 직업을 갖고 있다. 검사, 판사, 한의사, 의사, 변호사, 회계사, 교사, 목사, 신부, 공무원, 경찰, 간호사, 주부, 학생, 직장인, 해외 유학파, 유치원 원장, 학원 원장, CEO, 대기업 임원 등. 나처럼 평범한 여성은 감히 명함도 내밀지 못할 정도로 대단한 스펙과 이력을 가진 사람들과 각계각층의 유능한 전문가들도 정말 많이 있다. 그럼에도 불구하고 지금의 나의 모습은 그들에게 꿈이 되어주고 있다.

특히나 전작 『결혼과 함께 멈추는 여자, 결혼과 함께 성장하는 여자』의 저서는 많은 기혼여성에게 꾸준한 동기부여가 되어주고 있다. 그리고 나처럼 작가의 꿈을 품고 책을 써보고자 하는 사람들은 나에게 여러 가지 수단을 통해 말을 걸어온다.

"책을 통해 작가님의 도전기 잘 보았습니다. 저도 작가님처럼 책을 써보는 게 꿈인데 저 또한 일하는 여성이라 꿈을 실행하는 일이 그리 쉽지만은 않네요. 그래도 도전하면 작가님처럼 저도 작가가 될 수 있을까요?"

"표 작가님, 정말 대단하세요! 직장생활 하며 가정살림에 아이들 키우는 일도 만만치 않을 텐데 이렇게 꿈까지 이루시고…. 그동안 아무것도 안 하며 살아온 저 자신이 너무 부끄럽네요. 정말 존경스러워요!"

"작가님, 책 쓰는 일이 절대 만만치가 않아요. 그래서 중도에 포기할까도 여러 번 생각했었는데, 작가님 덕분에 다시 용기를 얻었습니다."

"작가님이 쓰신 책을 얼마나 들여다봤는지 책표지가 너덜너덜해졌어요. 읽고 또 읽으며 동기부여 듬뿍 받고 있습니다. 좋은 책 써주셔서 감사해요."

　물론 주위에는 나보다 유능한 작가들도 많이 있다. 하지만 그들이 나를 찾는 이유는 내 삶이 담긴 생생한 스토리와, 같은 워킹맘, 같은 직장인으로서의 동질감, 평범한 여성의 도전기라는 높지 않은 벽 등의 편안함 때문일 것이다.

　불과 얼마 전만 해도 나는 평범한 직장인, 노력하며 사는 사람 중 한 사람, 남들보다 조금 더 열심히 사는 사람 정도에 불과했다. 그러나 내가 꿈을 꾸고 그것을 이루며 사는 지금은 다르다. 작가가 된 나의 모습은 같은 꿈을 꾸고 있는 또 다른 누군가에게 꿈이 되고 동기부여가 되어주고 있다. 이렇듯 여러분도 꿈에 도전하고 그 꿈을 이루면 누군가의 꿈이 될 수 있다.

　물론 꿈을 꾸고 그것을 이루는 일은 생각처럼 쉽지 않다. 시간, 돈, 건강 등 여러 가지 환경과 사람들의 시기, 질투, 비판, 비난 등을 견뎌내야 하는 심리적인 요인, 무엇보다 그러한 환경요인들을 이겨내야만 하는 자기 자신과의 싸움 등 어느 것 한 가지도 만만한 게 없다. 그러나 꿈에 대한 열정과 간절함만 잃지 않는다면 꿈을 이루는 일이 꼭 어려운 일만은 아니다. 꿈에 대한 간절함이 클수록, 열정이 넘칠수록 꿈에 가속도가 붙어 꿈을 이루는 속도는 더욱 빨라질 것이다. 그리고 그것은 여러분에게 든든한 자산이 되어 성공의 결실을 얻게 해 줄 것이다.

　누군가에게 희망이고 꿈이 된다는 것은 정말 의미 있는 일이다. 내가 인생을 무의미하게 살고 있지 않다는 증거이기 때문이다. 이처럼 여러분도 목표 지점을 향해 도전하는 삶을 살아보라. 어느 순간 누군가의 꿈이 되어 있는 자신의 모습을 발견하며 신기해하고 스스로에게 자랑스러워하게 될 것이다.

"꿈에 도전하고 그 꿈을 반드시 이루어보라. 누군가의 꿈을 바라보며 부러워하기보다는 이제 누군가에게 꿈을 이룬 여러분의 모습이 가능성이고 꿈이 되어 보라."

6

한계를 두지마라. 꿈은 믿는 만큼만 현실이 된다

식량부족으로 어려움을 겪고 있는 아프리카의 두 마을이 있다. 한 마을은 구호 단체의 도움으로 그들이 나누어 주는 옥수수 씨앗을 받았다. 그러나 다른 마을은 옥수수 씨앗을 받지 못했다. 옥수수 씨앗은 땅에 심은 뒤 수확하기까지 최소 6개월이 걸린다. 그로부터 한 달 뒤, 구호 단체가 두 마을을 다시 방문하게 되었다. 놀랍게도 옥수수 씨앗을 받은 마을의 주민들은 모두 살아있었다. 그러나 씨앗을 받지 못한 마을의 주민들은 대부분 굶어 죽어가고 있었다.

일화에서 알 수 있듯 결과적으로 한 달 동안 굶은 것은 모두가 같다. 그러나 그들이 생과 사를 달리했던 이유는 무엇일까. 바로 자신의 생각에 한계를 두었기 때문이다.

씨앗을 받은 마을의 주민들은 6개월 뒤엔 먹을 것이 생길 거라는 꿈과 희망이 있었다. 그러나 씨앗을 받지 못한 마을의 주민들은 어떠한 꿈도 꾸지 않았다. 오히려 먹을 것이 없기 때문에 당연히 죽게 될 거라 생각하며 삶을 포기했다. 그러나 만약 그들이 씨앗을 얻지 못했기 때문에 곧 죽게 될 거라는 생각 대신, 또 다른 누군가가 식량을 구해다 줄 것이라는 더 긍정적인 상상을 했었더라면 어떠했을까. 그들 또한 죽지 않았을 것이다.

편물 기술자이자 국제 사회복지사로 활동 중인 134센티미터 키의 작은 거인 김해영. 그녀의 어머니는 그녀가 여자로 태어났다는 이유만으로 어려서부터 학대를 했다. 어느 날 그의 아버지는 술을 드시고 홧김에 그녀를 던졌고, 때문에 척추를 다쳐 장애를 갖게 되었다.

14살 때 그녀의 아버지는 세상살이가 힘들다며 자살을 하였고 그녀의 어머니는 아버지의 자살도 모두 그녀의 탓이라며 학대를 했다. 갈수록 심해지는 어머니의 학대를 견디지 못해 그녀는 가출을 하게 되었고 초등학교를 갓 졸업한 14살 때 월 3만 원을 받고 가정부 생활을 시작했다.

다음해에 그녀는 무료로 운영하는 직업학교에 다니며 편물 기술을 배웠다. 그녀는 각종 기능대회에서 1등을 하고 국가대표로 세계기능대회에도 출전하며 사회 일원으로 성장하기 시작했다. 그 후 아프리카 보츠와나 직업학교 교장이 되어 14년 동안 그들에게 기술을 가르쳤으며 더 넓은 세계를 무대로 가난한 이들에게 편물 기술을 가르치고 있다. 그녀는 자신이 성장할 수 있었던 원동력은 134센티미터의 키에 있다고 말한다.

자신의 장애와 작은 키를 이유로 잘못된 생각을 갖고 스스로 세상살이에 한계를 두었더라면 그녀는 성장하지 못했을 것이다. 그러나 그녀는 그렇게 하지 않았다. 더 넓은 세상을 바라보며 꿈을 꾸었고, 큰 꿈을 이루기 위해 콜롬비아 대학원 사회복지 석사과정을 마쳤으며 세계무대를 활약하는 국제사회복지사가 되었다. 그녀는 그녀의 꿈만 이룬 것이 아니라 그와 같은 처지의 장애인들에게 꿈도 주었다.

  우리는 종종 생각의 틀에 자신의 능력을 가두어 놓곤 한다.

  "학벌이 좋지 않으니까…"
  "장애가 있어서…"
  "키가 작아서…"
  "뚱뚱하니까…"
  "공부를 못해서…"
  "스펙이 남들보다 딸리니까…"
  "돈이 없고 가난해서…"
  "직장에 매여 있는 몸이라서…"
  "한참 가르쳐야 할 아이들이 있어서…"
  "……"

  이러한 생각은 자신을 성장시키지 못한다. 그럼에도 불구하고 '할 수 있다.', '하면 된다.'는 생각을 갖고 스스로 한계를 극복해 나가야 한다.

  일본인들이 많이 기르는 관상어 중에 '코이'라는 비단잉어가 있다.

이 잉어는 어항에 넣어두면 5~8센티미터 밖에 자라지 않는다. 그러나 커다란 수족관이나 연못에 넣어두면 15~25센티미터까지 자란다. 그리고 강물에 방류하면 90~100센티미터까지 성장한다. 코이라는 잉어는 자신이 활동하는 환경의 크기에 따라 피라미가 될 수도 있고 대어가 되기도 하는 것이다.

우리의 꿈도 마찬가지이다. 자신이 1그램의 꿈을 꾸면 1그램의 꿈만큼만 이루어진다. 그러나 1톤의 꿈을 꾸면 1톤의 무게만큼 꿈을 이룰 수 있고 성장할 수 있다. 한계는 자신 스스로가 만들어 내는 것이다. 스스로가 얼마만큼의 꿈을 꾸느냐에 따라 자신의 삶이 달라지듯 여러분도 자신을 믿고 거대한 꿈을 품어야 한다.

지금 이 순간에도 사람들은 자신의 삶에 한계를 두며 말한다.

"내가 어떻게?"
"나의 능력은 여기까지야"
"꿈은 무슨, 지금 처한 현실도 살아가기 벅찬데…"
"나는 지금 이정도만으로도 충분히 만족해."

여러분의 꿈은 무엇인가? 그 꿈을 이루고자 지금 어떠한 노력을 하고 있는가? 아직도 현실적인 여건들을 이유로 현재의 삶에 안주하며 꿈을 포기하며 살고 있지는 않는가?

스스로 자신의 삶에 한계를 두지 마라. 여러분은 할 수 있는 능력과 조건들을 이미 갖추고 있다. 혹 남들보다 힘든 환경과 어려운 여건을 갖추고 있더라도 그것 또한 자신의 강점으로 만들어 인생의 터닝포인트가 되어보자. 분명 이루어낼 수 있다.

앙꼬 없는 붕어빵은 맛이 없다. 인생 역시 마찬가지이다. 꿈이 없는 인생은 앙꼬 없는 붕어빵과 같다. 지금 여러분은 어떠한 미래를 계획하고 있는가. 스스로 한계라는 벽을 만들며 꿈이 없는 삶을 살고 있지는 않는가. 스스로 한계를 만들어내는 제조기가 되지 마라. 자신이 얼마만큼의 꿈을 꾸느냐에 따라 분명히 인생은 달라진다. 자신의 한계를 생각하는 대신 목표를 세워라. 현실적으로 보이는 목표, 가능하고 이룰만한 목표만을 추구하느라 아까운 인생을 허비하지 마라. 크게 생각하고 크게 꿈꾸라. 꿈은 자신이 생각하는 꿈의 크기만큼 자라고, 꿈을 믿는 크기만큼 이루어지고 현실이 된다.

7
결국 당신은 해낼 것이다

미국의 보험 세일즈맨으로 이름을 남긴 다비의 이야기다. 부유했던 다비는 골드러시에 금광을 찾아다니며 광산의 채굴권을 산다. 그리고 금맥을 찾아 열심히 땅을 파기 시작한다. 그러나 조금만 더 파면 나올 것 같은 금맥은 쉽게 나오지 않았다. 큰 기대를 갖고 땅을 파기 시작했지만 아무런 금맥을 찾지 못하자 다비는 결국 금맥 찾기를 포기하고 만다. 그리고 더 이상 금광맥을 찾을 수 없을 거라는 생각에 다비는 금광 채굴권을 싼 값에 팔아치운다. 그러나 얼마 후 다비는 자신이 팔아치운 광산에서 금맥을 발견했다는 소식을 듣게 된다. 다비에게 광산을 산 사람이 1미터도 채 파지 않고 어마어마한 금맥을 발견한 것이다. 결국 황금덩어리를 1미터 앞에 두고 자신의 꿈을 포기한 다비는 자신의 포기가 너무

일렀음을 깨닫는다. 그리고 그 깨달음을 계기로 보험 사업을 시작해 '보험 왕'이라는 이름으로 자신의 또 다른 꿈을 이루게 된다.

성공을 하는 사람치고 자신의 꿈을 쉽게 포기하는 사람은 없다. 그러나 그들 또한 인간이기에 힘들거나 어려울 때는 포기도 하고 절망도 분명 했을 것이다. 하지만 그들은 꿈을 이루어 내겠다는 각오와 이룰 수 있다는 꿈에 대한 확고한 신념만은 절대 놓지 않았다. 일화에 나오는 다비 또한 성공을 가까이 두고 자신의 꿈을 포기했다. 그러나 그는 좌절하지 않고 그것을 디딤돌 삼아 또 다른 꿈을 꾸며 결국 자신의 꿈을 이루는 성공신화의 주인공이 되었다.

사람들은 자신이 처한 환경이나 처지를 비관하며 때로는 자신의 꿈을 영영 포기하고 만다. 그리고 도전조차 하지 않는다. 시간, 돈, 가난, 장애, 건강, 신체적조건, 나이, 학력, 가정환경 등이 대부분의 이유이다. 그러나 생각해 보라. 세상에 이러한 환경에서 자유로운 사람이 과연 얼마나 될까. 직장인은 직장인대로, 학생은 학생대로, 또 주부는 주부 나름대로의 사정과 어려움이 있기 마련이다.

이렇듯 각자의 위치에서 자신의 자리를 지켜내기 위한 안간힘을 쓰며 살기에도 버거운 이들에게 꿈은 어쩌면 사치일 수 있다. 그래, 맞다. 자기의 육신을 위해서는 어쩌면 그렇게 자신의 생각을 합리화 시키는 게 편할지도 모른다. 그러나 심신까지 편할지는 과연 의문이다.

나 또한 나 자신을 합리화시키며 안주하는 삶을 살아도 되는 거리들은 얼마든지 있다. 직장생활을 하며 가사와 자녀교육을 병행해야 하는 나의 경우 무엇보다 나만을 위한 시간을 갖기가 어렵다. 또 가정생활비는 물론이고 두 아이들 사교육비에, 내 꿈에 대한 비용까지 투자하려면 결코 경제적인 여유에서도 자유로울 수가 없다. 게다가 두 번의 암수술 병력까지 갖고 있는 나의 입장에서 보면 건강상 직장 일과 가정 일을 병행하는 일 조차도 어쩌면 버거운 일일 수 있다. 이런저런 핑계를 갖다 붙이자면 나에게 꿈은 언감생심 그야말로 꿈도 꾸면 안 되는 일이 되어버린다. 그리고 그러한 핑곗거리들은 나를 위한 든든한 방패막이가 얼마든지 되어줄 수도 있다. 그러나 내 몸이 편하자고 남은 삶을 방패 뒤에 숨어 지내며 나의 꿈을 접어두자니 마음이 편치 않았다.

대부분의 사람들이 그러하듯 나 또한 현재의 평범함에 만족하며 그 삶을 얼마든지 즐기며 살수도 있다. 아니, 어쩌면 여러 가지 이유들을 핑계로 얼마든지 안주하는 삶을 살아도 분명 무어라 할 사람은 없다. 그러나 평범한듯 하면서도 결코 평범하지 않은 삶에 도전하며 사는 이유는 왜 일까. 바로 내 미래에 대한 비전 때문이다.

누구나 삶을 살면서 역경과 시련은 겪기 마련이다. 남들 보기에는 대수롭지 않은 일들이 나에게는 커다란 고난처럼 느껴 질수도 있고, 반대로 나에게는 별일 아닌 것들이 다른 사람들에게는 커다란 시련이 될 수도 있다. 그러나 그러한 상황에 처했을 때 꿈이 확고한 사람은 미래를 보지만 그렇지 않은 사람은 현실을 본다. 우리가 존경하는 대부분의 사람들이 이처럼 미래를 내다보며 자신이 처한 고난을 이겨내고 성공한 사람들이다.

고령화시대에 접어든 현대사회에서 꿈은 더 이상 사치가 아닌 미래의 자신을 위해 지금부터 투자하고 도전해야할 필수라는 것을 이제는 알 것이다.

이태백 : 20대가 태반인 백수
삼팔선 : 38세 즈음 겪게 되는 고비
사오정 : 45세 정년
오륙도 : 56세까지 회사 다니면 도둑
육이오 : 62세까지 회사 다니면 오적

이처럼 치열한 생존경쟁을 위한 사회적 분위기에 맞춰 생겨난 신조어는 이제 모르는 사람이 없을 정도로 익숙한 생활어가 되어버렸다. 여러분은 100세 기준 50세를 정년으로 보았을 때, 나머지 50년은 무엇을 하며 살아야 할지를 신중히 고민해 본적이 있는가. 그리고 그 50년을 보내기 위한 준비는 언제 시작해야 할지도. 무한정 자신의 꿈을 나중으로 미루다가는 정년 이후의 남은 삶도 어쩌면 밥벌이에 매달리며 살아야 할지 모른다. 자신의 꿈은 영영 이루지도 못한 채 노년기를 보내야 하는 불행한 일이 생길수도 있다는 것이다.

생각해 보라. 나이 들어서 까지도 지금처럼 치열한 밥벌이에만 매달려 살아야 한다면 그처럼 쓸쓸하고 우울한 일이 또 어디 있겠는가.

꿈을 위한 도전을 나중에 시작하느냐, 지금 바로 시작하느냐의 차이에 따라 여러분의 인생과 미래가 바뀔 수 있다. 반복하여 말하지만 꿈은 그리고 그 도전은 밥벌이를 하고 있는 지금 이 순간, 한 살이라도 젊은 지금 이 시간에 계획하고 실행해야 함을 기억하기 바란다.

수많은 꿈이 있고, 그 꿈을 위해 한 계단 한 계단 오르며 도전하는 삶을 살고 있는 나에게 어느 날 지인이 한 말이다.

"누군가는 꿈으로만 그리는 것을 너는 이루며 살고 있구나."

예전의 나 또한 누군가를 보며 한 생각이다. 그러나 나는 생각에 그치지 않았다. 생각을 실행에 옮겼고 덕분에 지금은 그것을 하나씩 이루어 나가고 있는 과정에 있다. 주변을 둘러보면 나보다 잘난 사람들은 얼마든지 많다. 명문대출신, 해외유학파, 공무원, 대기업, 공기업에 소속된 사람들을 비롯하여 의사, 검사, 판사, 변호사 등 소위 잘나간다는 '사' 자로 끝나는 전문인들까지.

예전의 나는 그런 자리에 있는 사람들을 보면 마냥 부럽고 존경스러웠다. 그러나 이제는 다르다. 내가 그토록 부러워하는 그들의 자리 또한 밥벌이를 위한 자리에 불과할 뿐 그들에게도 꿈이 없기는 매 한가지라는 것을 알기 때문이다.

꿈을 기준으로 보았을 때 우리는 모두 같은 출발선상에 서 있다. 지금 어떤 위치에 있느냐 혹은 어떤 일을 하느냐 보다는 앞으로 어떤 인생을 살 것인지를 계획하고 꿈꿔라. 현재 타인의 부러움을 사는 그들이나, 평범한 사람이라 자처하는 우리들이나 더 나은 미래를 위한 꿈을 꾸고, 그것을 이루며 살아갈 때 비로소 최후의 승자가 될 수 있음을 반드시 기억하기 바란다.

여러분은 지금 어떠한 미래를 꿈꾸고 있는가?

그리고 앞으로 어떠한 인생을 살고 싶은가?

여러분이 진정 좋아하고 잘할 수 있는 일이 무엇인지 찾아보라. 그리고 그것에 망설임 없이 도전해 보라. 꾸준히 도전한다면, 또 포기만 하지 않는다면 여러분 또한 여러분이 꿈꾸는 그것을 멋지게 해낼 수 있을 것이다.

시작하기에 늦은 때란 없다

2014년 7월 15일 1판 01쇄 인쇄
2015년 3월 2일 1판 03쇄 발행

저   자 | 표선희
펴낸이 | 김정재 · 김재욱
사   진 | 김정재
펴낸곳 | 나래북 · 예림북

등록번호 | 제 313-2007-27호
주소 | 서울특별시 마포구 독막로 10(합정동) 성지빌딩 616호
전화 | 02- 3141-6147
팩스 | 02-3141-6148
e-mail | naraeyearim@naver.com

ISBN 978-89-94134-36-9   03320